심리학으로 마음을 움직이는
진로·학습 코칭

심리학으로 마음을 움직이는
진로·학습 코칭

1판 1쇄 발행 2021년 5월 28일

지은이 최승희, 김원호

편집 유별리

발행처 하움출판사
발행인 문현광

주소 전라북도 군산시 수송로 315 하움출판사
이메일 haum1000@naver.com   **홈페이지** haum.kr

ISBN 979-11-6440-783-5

좋은 책을 만들겠습니다.
하움출판사는 독자 여러분의 의견에 항상 귀 기울이고 있습니다.

심리학으로 마음을 움직이는

진로 · 학습 코칭

최승희 · 김원호

프롤로그

아동은 생기 있는 존재이다.
아동은 습관이라는 겉모습으로 자신을 구축해온 성인들보다도
훨씬 더 생기가 넘치는 존재이다.
그러므로 정신의 건강과 발달은 매우 중요하며,
학교는 단지 공부만 하는 곳이 아니라,
아동이 정신적으로 사랑할 수 있도록 안내하는 세상이 되어야 한다.

– Rabindindranath Tagore

이 책을 쓴 이유는 자녀가 정신적, 육체적으로 세상을 사랑할 수 있도록 안내하는 안내자 역할을 부모가 할 수 있도록 하는 데 있다. 심리검사를 통해 자녀의 강점을 찾고 꿈과 목표를 찾아 자신이 원하는 삶을 살 수 있도록 자기 주도적 인간으로 키우기 위해서는, 먼저 부모 자신을 탐색하고 자신의 삶에 대한 목표를 확립하여야 한다.

- 자녀를 어떻게 키우고 싶은가?
- 어떤 가치관을 갖고 키워야 하는가?
- 나의 성격적 특성의 강점과 약점은 어떤 것이 있는가?

이제 부모 먼저 건강한 정신과 육체를 갖자. 그리고 내 아동(청소년)에게 맞는 옷을 고르자! 내가 좋아하는 스타일과 취향 말고 아동(청소년)의 키, 체형, 아동(청소)이 좋아하는 색깔 취향 등 아동(청소년)의 입장을 정확하게 알고 있는가? 어떻게 옷을 입혀야 우리 아이에게 어울릴지를 자신의 견해에서 생각하고 맞추고 있지는 않은가?

아동(청소년)이 Box 스타일을 입고 싶다고 하면 부모님의 생각에서 "넌 몸이 이쁘니 딱 맞는 스타일을 입는 것이 어울려."라고 부모의 입장을 무의식적으로 강요하고 있지는 않은가? 또는 아동(청소년)이 딱 붙는 옷을 입거나 너무 짧은 치마를 입고 다닌다고 하면 "학생이 그렇게 짧은 옷을 입으면 안 되지!"라고 말을 하거나 아니면 "사람들이 너를 뭐라고 생각하겠니?"라고 반대의견을 내고 있지는 않은가?

아동(청소년)은 부모가 원하니까, 그냥 부모 의견을 따라야 싸우지 않는 것이 편하다고 생각해서, 자신의 의견을 내세우지 않고 맞춰가는 경우가 종종 있다. 우리는 그런 아동을 착한 아동(청소년) 또는 말 잘 듣는 아동(청소년)으로 인식하곤 한다. 아동에게 "부모의 의견을 들어서 나쁜 것은 없어." 또는 "다 너 잘되라고 하는 거야."라는 언어로 아이들이 자기주장 할 기회를 주지 않고 개발시키지 않고 있으면서 부모들은 아동(청소년)이 "자기가 스스로 하는 것이 하나도 없다."라고 호소하는 경우를 종종 보게 된다. 이럴 때 너무 안타까운 마음이 든다.

그렇다면 우리 부모들이 어떻게 키워야 자녀가 주도적으로 생각하고 행동할 수 있을까?

부모들은 아동(청소년)을 잘 키우고 싶은 마음이 지나칠 정도로 크다. 그런데 정작 "어떻게 해야 할지?"에 대한 답을 가르쳐 주는 사람은 없다. "자녀 키우기 너무 힘들어요.", "도대체 자녀의 속을 알 수가 없어요.", "내가 자녀를 키우다 스트레스로 죽을 것만 같아요.", "도대체 내가(부모) 무엇을 잘못했다고 자녀가 그렇게 자기 멋대로 하는지 모르겠어요." 하고 우울과 불안을 호소하는 부모들을 위해 이 책을 쓰게 되었다. 부모들이 어떤 문제를 가지고 오든, 울림이 있는 진정성으로, 때로는 대신해서 부모들의 목소리를 찾고 삶의 동반자로서 부모들이 아동(청소년)을 키우는데 수고를 덜어주고 또 성장시키는 데 조금이나마 도움이 되기를 기대해 본다.

이 책에서는 아동(청소년)을 키우면서 발생할 수 있는 다양한 문제 상황들을 어떻게 코칭 해야 하는지와 개입 방법 및 대화법들을 자세히 다루고 있다. 부모들이 힘들어하는 상황과 답답하고 괴롭고 불안한 마음들을 정확히 탐색할 수 있도록 인지 치료 기법들을 소개하였고 어떻게 부모가 코칭을 해야 하는지 코칭에 관한 전반적인 사례들을 다루었다. 또한, 부모의 특성과 청소년의 인지적, 심리적, 사회적 특성들이 무엇이고 아동(청소년)들의 꿈을 찾아주기 위해 어떤 도구(심리)를 써야 하는지와 인지적 대화법은 어떤 것이 있는지, 어떻게 진로지도를 해야 하는지, 그리고 공부법들은 어떤 것들이 있는지를 다루었다.

마지막으로 우울한 아동과 불안한 아동들은 어떻게 코칭을 하면 효과적인지와 어떤 대화법을 하면 좋은지, 행동수정을 하기 위해 어떤 방법이 있는지에 대해 다루었다. 더불어 청소년들의 사고력을 확장 시킬 수 있는 학습전략 안내서와 간단한 심리검사 도구들을 다루었다. 다양한 범위의 아동(청소년)을 다루었는데 그 중 한 가지라도 내 자녀에게 적용할 수 있었으면 좋겠다. 이 책이 청소년들을 코칭 하는 데뿐만 아니라 부모 자신을 돌아보고 현장에서 아동과 청소년의 심리적 문제를 다루는 분들에게 도움이 되기를 기대해 본다.

2021년 5월 저자

목차

1단계 인지·뇌의 변화

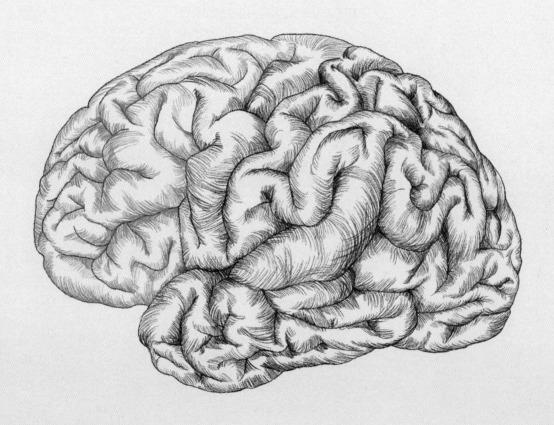

뇌 안에 긍정 파워 만들기

01

정서
Sentiment

부모의 마음·인지
변화가 생기면
아이는 98% 바뀐다

– 부모는 비전을 키우는 사람이다.

인지(뇌)를 바꾸고
Self 세상을 넓혀라

우리의 적은 우리 마음속에 있다.

아리스토텔레스는 누구에게 있어서나 삶의 궁극적인 목적은 '행복'에 있다고 하였다. 즉, 사람들은 각각 다른 길에서 무엇인가를 성취하고자 애쓰고 있지만 결국 모두가 행복을 얻고자 한다는 점에서 같다는 것이다. 부모도 자기 삶의 행복을 위한 것이므로, 부모 스스로 독립적인 인간으로 '행복'하기 위해서는 자기 주도적 인지능력이 필요하다. 자기 주도적 인지능력이란 본인 스스로 자신의 욕구를 진단하고 목표를 설정하며 그 목표에 필요한 자원을 확보하고 적합한 전략을 선택, 실행하여 자신이 성취한 결과를 평가하는 데 있어서 개인 스스로 주도권을 갖는 것을 말한다.

그런데 우리나라 부모들은 자녀들이 겪는 고민이나 젊은 사람들이 문제를 일으키면 모두 부모(본인들)의 탓으로 돌린다. 부모가 잘못해서, 가정교육이 잘못되어서 아이들이 문제를 일으킨다고 낙인찍어버리고 학생들이 학교에서 문제를 일으키거나 잘못되었을 때도 교사들과 학교 관리자들은 문제를 부모의 탓으로 돌린다. 또한, 문제가 발생하면 어떻게 해야 할지 몰라 불안해하는 부모들이 정말 많다(self가 없다).

그렇다면 부모들이 정말 잘못해서 아이들이 잘못되는 것일까?
아니면 부모들이 자녀에 대해 잘 못 인식해서 아이들에게 잘못된 정서를 주는 것일까?

부모들이 코칭을 잘하기 위해서는 뇌(인지)에 긍정적인 에너지를 넣어야지만 자녀들에게도 긍정적인 에너지를 심어 줄 수가 있다. 뇌는 컴퓨터와 같아서 InPut에 무엇을 입력하느냐에 따라 OutPut이 나온다.

그렇다면 당신은 *어떠한가?*

> - 나의 머릿속에 자녀에 대한 긍정적인 모습을 넣고 있는가?
> - 자녀에 대한 안 좋은 것을 입력하고 있지는 않은가?

지금부터 자녀의 긍정적인 모습을 바라보자.

1. 내 자녀에게 장점은 무엇인가?
2. 내 자녀가 좋아하는 것은 무엇인가?
3. 내 자녀가 행복해할 때는 언제인가?
4. 내 자녀가 기뻐할 때는 누구와 있을 때인가?
5. 내 자녀가 즐거워하는 스포츠는 무엇인가?
6. 내 자녀가 지금 관심을 갖고 있는 분야는 무엇인가?
7. 내 자녀가 어떤 대화를 할 때가 좋아하는가?
8. 내 자녀가 어떤 환경을 좋아하는가?
9. 내 자녀에게 맞는 옷 스타일은 어떤 것인가?
10. 내 자녀가 즐겨 듣는 음악은 어떤 것인가?

우리 자녀들의 즐겁고 긍정적인 모습들을 생각하며 질문에 대답해 봅시다.

1	
2	
3	
4	
5	
6	
7	
8	
9	
10	

☞ 답을 작성하며 자신의 뇌에 어떤 self가 있는지?를 탐색해 보는 시간을 갖고 자신의 원하는 self 세상을 탐색해 보는 시간이 되자.

처음 자녀가 태어났을 때를 생각해 보십시오. 마냥 행복하기만 했을 것입니다.

자녀가 태어났을 때 자녀에게 바라는 모습은 어떤 모습이었나요?

지금 자녀에게 바라는 모습은 어떤 모습인가요?

이 글을 작성하고 새로 알게 되거나 긍정적으로 우리 아이를 돌아보게 된 부분은 어떤 것이 있는지 구체적으로 적어 봅시다.

1	
2	
3	
4	
5	
6	
7	
8	
9	
10	

내 뇌에 긍정적(InPut)을 하였는가?

꿈과 비전을 수없이 뇌에 그려라.

수지라는 아이는 어렸을 때부터 가수가 되는 것이 꿈이었다. 2년 연속 오디션에 참가하고 영상을 제작하여 소속사에 보내기도 했으나 매번 떨어진 후에 매우 실망하여 포기하려고 생각했다. 그렇지만 그것도 잠시뿐, 수지는 꼭 가수가 되겠다는 목표에 온 신경을 집중하고 에너지 수준 높이기, 과제 수행하기, 문제해결하기에 근거하여 주별 활동 계획, 활동 점검하기, 성취감, 즐거움 증가시킬 수 있도록 뇌에 이미지 트레이닝을 하기 시작했다.

한 단계씩 오르리라는 마음과 가수가 되어 많은 사람 앞에서 행복해하는 자신이 모습을 매일매일 스스로 입력시키고(Self talk) 자신의 꿈을 뇌에 그리기 시작하였다. 그러던 중 J 소속사에서 연락이 오게 된 것이다. 가요제에서 트로피를 받고 당당하게 무대에 서서 내려오는 자신의 모습을 끊임없이 상상했다. 수지의 성공 비결은 바로 가요제에서 1등에 오른 자신의 모습을 매일매일 상상하며 자신의 이미지를 그린 것이다.

그래서 자신이 원하는 가수의 꿈을 이루고 여기저기서 카메라 플래시가 터지고 팬들에게 둘러싸여 있을 때 팬이 질문하였다. "수많은 청중 앞에서 떨리지 않나요?"하고 팬이 질문하자 수지는 당당하게 말을 했다. "아니요. 조금도 떨리지 않아요. 마음속에 매일매일 수천 번 무대에서 노래하는 모습과 청중들, 팬들 속에서 자신이 행복해하는 모습을 그려왔는걸요." 하며 웃음을 지었다.

그녀는 자신의 꿈과 비전을 수없이 마음속으로 그리며 뇌(인지)에 긍정적인 메시지를 InPut 한 것이다.

지금부터 부모 자신(Self)이
어떤 부모가 될 것인가?

– 마음속으로 그려보자.

당신은 비전의 사람입니다.

"부정적인 사고와 태도를 버린 걸 축하해! 이제 나의 뇌는 내가 지배할 거야."

지금부터 새로운 비전을 품고 잘 될 수 있다는 마음의 확신을 하고 나의 발판을 마련할 것입니다.

실패에 관한 생각을 물리치고 "잘할 수 있어!", "너는 항상 열심히 해 왔어!",

"나는 항상 내가 원하는 일, 꿈을 이루는 사람이야."

나는 비전의 사람이야 라고 self talk을 해 보십시오!

1 내가 원하는 부모는 어떤 사람이지?

2 자녀가 원하는 부모는 어떤 사람일까?

3 나의 긍정적인 요소는 무엇일까?

4 내가 기쁠 때는 언제인가?

5 내가 무엇을 할 때 제일 행복했었는가?

6 자녀와 무엇을 할 때 나는 좋았는가?

7 내가 좋아하는 환경은 어떤 것인가?

8 나의 가장 좋은 능력은 무엇이 있을까?

9 나에게 가장 소중한 사람은 누구인가?

10 나는 어떻게 살고 싶은가?

스스로(self) **즐겁고 긍정적인 모습들을 생각하며 질문에 대답해 봅시다.**

1	
2	
3	
4	
5	
6	
7	
8	
9	
10	

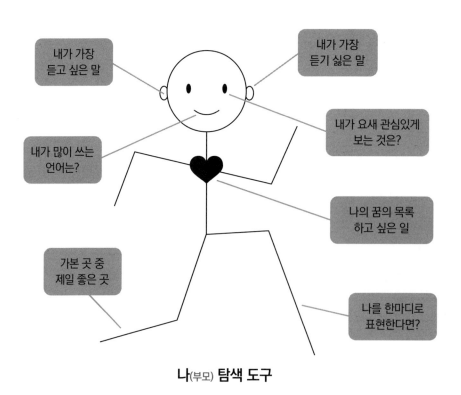

나(부모) **탐색 도구**

마음속(InPut)에 품은 꿈은
그대로 현실(OutPut)이 된다.

자신(Self)이 세상에 하나뿐임을 인정하고 소중한 존재임을 굳게 믿어라.

　지수의 인생은 꼬여 있었다. 지수는 뚱뚱하고 키는 작고 얼굴은 못생겼다는 소리를 많이 듣는다. 하는 일마다 잘 안되어 운이 지지리도 없다고 생각했다. 더군다나 여성 중심에 직장에서 여직원들과 매일 매일 편견과 싸워야 자기 몫을 챙길 수 있었다. 지수의 뚱뚱한 모습과 못생긴 얼굴을 보고 비웃는 사람도 있었다. 어떤 이는 그녀의 등 뒤에서 수군거렸고, 어떤 이는 그녀의 얼굴도 보기 싫어했다. 더욱이 지수가 이혼했다는 사실을 알고부터는 주변 사람들이 더 수군거리며 "이혼했대."라는 소리를 지껄이곤 했다.

　하지만 그녀는 조금도 신경 쓰지 않았다. 자신(Self)이 세상에서 하나뿐인 존재이고 소중하다는 것을, 그녀의 부모님께서 항상 이야기해 주셔서 지수는 자신이 세상에서 하나뿐인 존재이고 소중한 존재임을 알고 있었기 때문이다. "그들은 정서적인 장애가 있어." 그녀는 자신을 비웃는 사람들을 오히려 불쌍하게 여겼다. 많은 난관에도 불구하고 지수는 자신의 하는 일을 즐기며 자신이 좋아하는 일을 하는 자신(self)을 칭찬하고 격려하며 자기(self) 일을 묵묵히 하였다. 그래서 지수는 승진에 승진을 거듭하여 마침내 회사에서 부지점장까지 되었고 자기 분야에서 누구나 인정하는 전문가가 되었다. 도대체 그 비결이 뭘까? 지수의 성공 비결은 도대체 무엇일까?

　바로 자신(Self)에 대한 긍정적인 자아상이었다. 그래서 지수는 남의 인정을 받으려고도, 상사나 동료의 칭찬이나 위안을 받으려고도 하지 않았다. 그냥 있는 그대로 자신의 자리에서 항상 밝고 친절하고, 똑 부러진 모습으로 언제나 얼굴에 미소가 매달린 채로 있었다. 그런 그녀의 모습에 의아해하는 사람도 있었지만, 지수는 이에 신경 쓰지 않고 매 순간순간을 자신이 원하는 대로 자신의 소신을 믿으며 살았다.!

부모의 긍정적 마음(인지)의 변화로
아이의 행동이 바뀔 수 있다

스스로 생각하는 자신의 모습을 글로 솔직하게 표현해 보자. 나 자신은 얼마나 자녀에게 모범이 되었는가? "자녀는 나를 어떤 존재로 볼 것인가?" 내가 생각하는 자신의 모습과 자녀가 생각하는 부모의 모습을 타인(자녀)의 입장에서 생각해 보고 자녀의 입장을 이해한다면 나의 행동이 바뀌고 자녀의 행동 또한 바뀔 것이다.

1 부모로서 나는 가족이 생활하기에 주변 환경을 풍부하게 하였는가?
2 자녀가 스스로 할 수 있도록 편하게 환경을 간소하게 하였는가?
3 부모로서 나는 일관성 있게 자녀에 대했는가?
4 부모로서 나는 긍정적인 언어를 사용하였는가? 아니면 부정적인 언어를 사용했는가?
5 자녀가 자신의 의견을 말할 때 무시하지는 않았는가?
6 자녀가 스스로 무엇인가를 할 수 있도록 기회를 주었는가?
7 자녀가 스스로 자기 일을 했을 때 인정해 주었는가?
8 부모로서 자녀에게 부지런하고 모범이 되는 행동을 얼마나 하였는가?
9 부모로서 자녀의 긍정적인 부분을 많이 보았는가 아니면 부정적인 모습을 많이 보았는가?
10 자녀의 힘듦을 부모로서 얼마나 공감을 해 주었는가?

☞ 질문에 답을 하면서 구체적으로 자신의 마음이 어떤지를 탐색하고 자녀에게 어떤 식으로 대하고 있는지를 스스로 느껴야 합니다.

스스로 답을 하며 자녀의 마음을 들여다보는 시간이 될 것입니다.

1	
2	
3	
4	
5	
6	
7	
8	
9	
10	

자녀에게 화가 났을 때 자녀에게 화난 말투로 말을 하거나 짜증스럽게 대하면 기분이 후련할지도 모른다. 그러나 자녀의 기분은 어떨까? 험한 말투를 듣고 나서 기꺼이 부모가 원하는 대로 움직여 줄까? 아님을 알 것이다.

만일 부모가 우격다짐으로 나온다면 자녀도 우격다짐으로 대할 것이다. 하지만 부모가 부드럽게 나오며 "서로 잘 의논해 가면서 의견 차이가 있으면 그 이유나 문제점을 찾아가 보자." 하고, 부드럽게 대하고 솔직하게 대화를 한다면 서로의 견해 차이가 좁혀짐을 알게 될 것이다.

부모가 긍정적 언어를 쓰면 아이는 그 언어를 먹고 *자존감*이 자랍니다.

나(부모)를 무시해서가 아니야.
청소년의 특성이 그런 거야!

합리적 정서
Rational Sentiment

청소년의 인지적 ·
심리적 · 사회적 특성

건강한 부모(코치)가 되기 위해서는 청소년의 특성을 이해하자

부모가 건강해야 건강한 아동(청소년)을 키울 수 있습니다.

아이에게 문제가 생기면 모든 것이 부모의 잘못인 듯 죄책감을 갖게 되어 혼내야 할 때 혼내지도 못하고 자신이 못 해 준 부분을 다른 부분으로 채워 주려고 하고, 부모는 "마땅히 이래야 한다."라는 선입관을 갖고 자신의 인간성과 현실을 망각하고 성인군자처럼 자녀에게 무엇이든 다 해주려고 합니다.

특히 이제 막 부모가 된 사람들은 자녀를 어떻게 키워야 할지 몰라 이 책 저 책을 보며 좋은 교육과 강의들을 듣고 따라 해보지만. 뜻대로 되지 않거나 아이가 무슨 일이 생기면 내가 부모로서 잘못하고 있지 않은지 죄책감을 느끼고 안절부절못하거나 불안해하는 모습을 보이곤 합니다.

- 자녀의 행동을 어디까지 이해하고 받아들여야 할까?
- 자녀에게 화가 날 때는 어떻게 해야 할까?
- 화를 내도 자녀는 변하지 않고, 더 힘들어 지는데 어떻게 해야 할까?
- 부모가 문제를 해결해야 할까?
- 자녀가 하게 두어야 할까?

부모로서 어떻게 해야 할지 모르는 것이 지금 시대 부모들의 특성입니다.

이렇게 정서적으로 불안하고 힘든 상황에서 과연 누구의 도움을 받고 있습니까?

부모가 좀 더 효과적으로 자녀들의 잠재력을 깨워 자녀가 자신의 능력을 최대한 발휘하며 '행복하게 자랄 수 있는 방법을 알게 된다면 얼마나 좋을까?'라고 생각하는 부모님들이 많이 있습니다. 그래서 새로운 부모 시대에 부모들의 역할 훈련, 코치 자로서의 중요성이 요구되고 있습니다.

우선 건강한 부모가 되기 위해서는 자녀의 <u>인지적, 심리적 사회적 특성들을</u> 이해해야 합니다!

청소년은 인지적 특성에 따라 발달 단계상에서 야기되는 여러 가지 독특한 신체적 정신적 변화로 인하여 갈등 및 정체감 등의 혼란을 일으킬 수 있는 성향과 가능성을 지니고 있습니다. 또한, 현대 사회의 급격한 변화는 질서와 사회, 생활의 방식을 근본적으로 바꾸고 있으며 이러한 구조적 변화의 소용돌이는 새롭게 형성된 상황에 적용해야 할 인간과 사회, 특히 더욱 성숙하고 사회화되어야 할 사회에서 청소년이란 세대는 단순한 하나의 연령층으로서의 세대가 아니라 그 의미가 한층 부각 된 현대 사회에서 새롭게 태어난 세대라고 할 수 있습니다.

사춘기를 '질풍노도'의 시기라고 하는 것은 이 시기의 정서 변화를 말한다는 것도 알고 있습니다. 사춘기에는 격렬한 환희, 심한 수치감과 열등감, 때로는 자기를 영웅시하는 자기도취, 심한 우울증의 정서에 자주 휩싸이게 됩니다. 따라서 늘 불안해 보이고 위험 해 보이면서 자주 화를 내고 긍정적이기보다는 부정적 정서로 기울어지는 경향을 보입니다. 사춘기의 불안한 신체적. 정서적. 성격 변화가 급격히 생기면서 조화를 이루지 못하면 자기 무능력, 행동상의 불만과 결함, 욕구의 불만족, 불확실한 장래, 대인관계 등에 대한 불안으로 나타나곤 한다는 것 또한 잘 알고 있습니다. 청소년들(자녀)의 불안과 분노는 부모한테 향하든지 아니면 또래 집단 또는 자신으로 향하게 됩니다. 이런 상황에서 부모들이 자신(청소년)의 욕구를 방해(잔소리)한다고 느끼게 되면 그 정서적 분노가 매우 심각해집니다.

청소년 시기에는 신경전달물질인 도파민 분비가 불균형하게 형성되어 뇌로 들어오는 정보가 과장되고, 결과적으로 출력도 과장되게 나오게 됩니다. 도파민이 분비되는 수치는 아동기에 최고치에 이르렀다가 청소년기를 거치는 동안 감소하게 됩니다.

도파민이 분비되면 짜릿한 쾌감을 느끼게 되는데 청소년기에 뇌의 도파민 분비가 점차 줄어들고 전전두엽 피질에서는 상대적으로 도파민 분비가 증가해 이로 인해 중격의지핵을 비롯한 보상회로에서 도파민의 수치가 떨어지게 되는 것입니다. 보상회로 부위에 도파민이 부족해진 10대는 이전에 경험한 만족감을 얻기 위해 더욱 자극적으로 행동하게 되는 것입니다.

그래서 심리적(정서적) 분노나 불안, 심한 수치감과 열등감, 때로는 자기를 영웅시하는 자기도취, 또는 심한 우울증의 정서에 자주 휩싸이게 됩니다. 따라서 늘 불안해 보이고 자주 화를 내고 긍정적이기보다는 부정적 정서로 기울어지는 경향이 있기에 부모들은 무조건 혼내기보다는 자녀의 심리적 상태와 인지적, 사회적 특성을 고려하여 양육(코칭)할 필요가 있습니다

도파민 보상회로

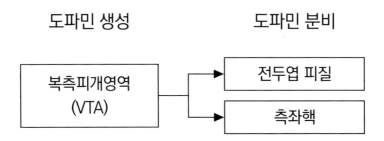

도파민 생성

도파민 분비

복측피개영역
(VTA)

전두엽 피질

측좌핵

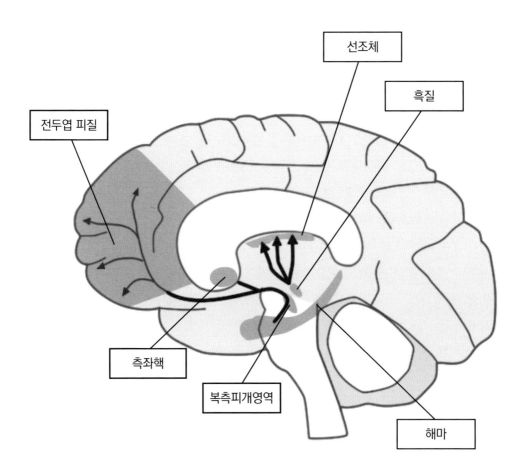

선조체

흑질

전두엽 피질

측좌핵

복측피개영역

해마

구분	주요기능
복측피개영역 (VTA)	포유류 뇌 중 사이뇌의 한 영역으로서 뇌간의 뒤쪽 영역을 일컬음. 보상회로로 판단되며 쾌감을 일으키는 행동은 복측피개영역을 활성화 시킨다. A10 세포집단이라고도 부르며 도파민이 많이 존재한다.
전두엽 피질 (LPFC)	미국국립정신보건연구소의 보고서에 따르면 전두엽 피질의 도파민 활성 감소를 일으키는 유전자 변이로 인해 작업기억 저하와 전두엽피질 기능저하가 관계가 있으며 조현증의 위험을 조금 증가시킨다고 보고하였다.
측좌핵 (accumbens)	앞뇌에 존재하는 신경세포 집단으로 보상, 쾌감, 기벽, 공포 등에 중요한 역할을 담당하는 것으로 판단되어진다.

구분	몸 움직임	주요기능
흑질	브레이크 역할	도파민 형성: 도파민 신경이 파괴되면 억제 기능 상실
선조체	엑셀 역할	아세틸콜린 과잉분비, 운동신경 과잉흥분, 파킨슨 병 특유의 손발 떨림, 강직, 운동 완서 및 자세 이상 유발

〈출처: https://ja.wikipedia.org/wiki/ 대뇌활용 학습법 – Mogi Kenichiro지음〉

03

부모코칭의
인지적 대화법

부모와 자녀 사이에
불가피한 갈등을 인지적으로
어떻게 극복할 것인가?

부모코칭의 인지적 대화법

부모와 자녀 사이에 불가피한 갈등을 인지적으로 어떻게 극복할 것인가?

　인지행동 이론가들은 청소년의 개인적 특징들로부터 저항이 초래될 수 있음을 지적 하였습니다. Lazarus와 Fay(1982)는 저항을 청소년의 내적 과정으로 귀인 시키는 것은 부모의 책임 회피라고 주장하면서도 저항의 첫 번째 출처로 청소년의 특징들을 거론했습니다. 이는 청소년의 특성을 고려하지 않고 저항을 논의하는 것이 얼마나 어려운지를 단적으로 보여주는 것입니다. 그러나 인지 행동적 접근에서 고려되는 청소년 특징들은 내적 갈등이나 욕구와 같은 청소년의 무의식적 요인들보다는 지금과 여기(here and now)에서의 의식적인 요인들이 강조 된다는 점입니다.

　그래서 자녀의 호기심을 자극할 수 있는 인지적 질문기법으로 사고력을 확장을 도와 줄 수 있습니다.

💡 소크라테스식(질문하기)

　소크라테스식이 주요 목표들 중 하나는 자녀(상대방)의 호기심을 자극하여 자신과 세계에 대한 부적응적인 관점에서 좀 더 유연하고 적극적인 인지 방식으로 변화 할 수 있도록 하는 것입니다.

> *"소크라테스와 점심을 함께할 수 있다면 애플이 가진 모든 기술과 바꾸겠다."*
> *-스티브 잡스-*

소크라테스는 2400년 전에 살았던 철학자입니다.
소크라테스는 대화와 토론을 즐겼습니다. 그는 억울하게 재판을 받을 때도 토론을 했다고 합니다.
사형을 선고받고 나서도 죽는 것이 옳은 일인지 토론을 했다고 합니다.

소크라테스는 특별한 방법으로 대화를 했습니다. 지금도 상담, 교육, 협상할 때
소크라테스 대화법을 쓰기도 합니다.

💡 소크라테스의 대화 방법

1. 계속 질문하기

소크라테스는 지식이나 정답을 가르치지 않았습니다.
대신 상대방에게 계속 질문을 했습니다. 상대방이 대답하면
대답에 대해서 다시 질문했습니다.

예시1

> "민중이란 누구인가?"
>
> "가난한 사람입니다."
>
> "가난한 사람이란 어떤 사람들인가?"
>
> "필요한 만큼 돈이 없는 이들입니다."
>
> "부자들도 늘 돈이 부족하다고 한탄한다. 그러면 부자도 가난한 사람들인가?"
>
> "이 점에서는 그렇겠지요."
>
> "민주주의는 민중 중심의 정치 제도이다. 그렇다면 민주주의는 가난한 사람을 위한 정치 제도인가,
> 부자를 위한 정치 제도인가?"
>
> "모르겠습니다."
>
> — 크세노폰, 『소크라테스 회상』 중 —

소크라테스는 상대방이 대답을 못 할 때까지 질문했습니다. 소크라테스 대화법은 정확한 답이 나오지 않고 끝납니다. 소크라테스는 상대방이 아포리아 상태가 될 때까지 질문했습니다. '아포리아(aporia)'란? 철학 용어의 하나로 어떠한 사물에 관하여 전혀 해결의 방도를 찾을 수 없는 난관의 상태를 말합니다. 일반적으로 해결이 곤란한 문제, 즉 모순이나 해결 불가능한 역설 등을 일컫는 말로, 고대 철학자들에 의해서 의미가 확립된 용어로서, 그리스어의 본디 뜻은 '막다른 곳에 다다름' 입니다.

소크라테스(Socrates)는 대화의 상대를 아포리아에 빠뜨려 무지의 상태를 자각시켰습니다. 상대를 아포리아에 빠뜨린다는 것은 즉 상대방의 의견에 논리적인 모순이 있다는 것을 인정하게 하는 것이었습니다.

자녀들에게 답을 들으려고 하지 마십시오!!

그냥 있는 그대로 자녀가 하고 싶은 것이 있다면 그 부분이 어떤 부분에서 좋은지 계속 질문을 하며 스스로 답을 찾을 수 있도록 도와주어야 합니다.

2. 아무것도 모른다는 것을 알기

소크라테스 대화법은 상대방이 답을 찾을 때까지 도와주는 방법입니다.

사람들은 소크라테스와 대화를 하면 자기 생각이 잘못되었다는 것을 알게 되었습니다.

소크라테스의 대화법에서 가장 중요한 것은 아무것도 모른다고 인정하는 일이었습니다.

잘못된 지식을 알아내면서 분명한 사실을 알 수 있기 때문이었습니다.

내가 어떤 틀이나 프레임(답)을 정해 놓고 그것에 맞지 않으면 다르다고 생각하는 틀을 깨야 합니다. 그렇지 않으면 아이들은 자율적인 사고를 하기 힘들어집니다.

아이들에게 사고력을 키워주고 싶다면 틀을 깨고 나와 상대방이 다름을 인지하고 나는 아무것도 모르고 있다는 전제로 대화를 이끌어 가야 합니다.

> "나는 아무것도 모른다는 사실만을 안다."
> (I know that I know nothing.)
>
> — 소크라테스 —

3. 스스로 답을 찾기

독일의 철학자 넬존(Leonard Nelson)은 소크라테스 대화법을 상담에서 사용하기 시작했습니다. 넬존은 소크라테스 대화법으로 상대방이 스스로 문제를 풀 수 있게 도와주었습니다.

그 방법에는 여섯 가지 방법이 있습니다.

1 명료화를 위한 질문(출처, 사실)을 묻는 것입니다.

- ~라고 말한 것은 무슨 뜻인가요?
- 당신(you)이 지금~라고 말하고 있는 것은 (~~~~)이런 의미일까요?
- ~라는 용어를 어떤 의미로 말은 한 것일까요?
- ~에 대한 예를 들어 봐 주시겠어요?
- 누구 다른 사람이 A를 위한 예를 들어 줄 수 있을까요?

2 문제를 탐색하는 질문(논리적 추론의 전제 부분을 확인)을 하는 것입니다.

- 그는 지금 어떤 가정을 하고 있을까요?
- 당신은 그런 가정을 확실하다고 보장할 수 있나요?
- 왜 그 사람은 그런 가정을 하고 있을까요?
- 그 질문에는 숨겨진 전제들이 있지 않을까요?

3 근거를 탐색하는 질문(전제에 따른 주장의 근거를 묻는 것입니다.

- 당신의 주장을 뒷받침하는 적절한 사례(또는 반례)를 들어들 수 있을까요?
- 그렇게 말할 수 있는 근거가 무엇이죠?
- 당신은 저 사람의 근거에 동의하나요?
- 지금 제시된 근거는 충분한가요?
- 어떤 기준에서 그렇게 말을 하고 있나요? 그 자료들이 신뢰할 만한 증거가 되나요?

4 견해와 관점에 대한 질문(주장)에 대한 다양한 관점의 근원을 묻는 것입니다.

- 이 주제에 관해 다른 식으로 생각해 볼 수 있을까요?

- 당신의 견해가 다른 상황에서는 적용되지 않을 수도 있겠지요?

- A와 B의 생각은 어떻게 다른 거죠?

- 당신의 주장에 동의하지 않는 사람들은 당신한테 뭐라고 말할까요?

- 누군가가 당신한테 이런 주장을 한다면 뭐라고 대답할 건가요?

- 그 사람들로서 이 주제에 접근해 볼 수 있겠죠?

5 함축과 결론을 탐색하는 질문(주장)의 결론과 그 영향에 대해서 질문하는 것입니다.

- 당신이 말한 것들에서 어떤 결론을 끌어낼 수 있나요?

- A를 비윤리적이라 할 수 있다면, B에 대해서는 어떻게 생각하나요?

- 그런 행동의 결과는 어떤 식으로 일어날까요?

- A와 같은 결론에 도달한다면 받아들일 수 있겠어요?

- 이 상황에서는 그런 결론이 논리적 비약이라고 할 수 있을까요?

6 질문에 대해 질문(질문에 대한 성찰적 관점에서 그 의미를 재확인한다.)을 하는 것입니다.

- 그것이 적절한 질문이라고 생각하세요?

- 그 질문이 이 문제와 어떤 관계가 있나요?

- 이 질문의 전제가 무엇일까요?

- 이 주제에 대해 또 다른 측면에서 다루어 볼 수 있는 질문을 만들어 보세요.

- 그 질문은 우리에게 어떤 도움을 줄 수 있을까요?

- 우리는 지금 문제를 해결하고 답을 찾아가는 데 가까워지고 있는 건가요?

- **소크라테스식 질문을 효과적으로 활용하기 위해 고려할 사항**

1 다른 사람의 말을 주의 깊고 진지하게 들어야 한다는 것입니다.

2 이유와 증거에 주목해야 합니다.

3 예와 반례 및 유추 관계에 있는 것을 찾아야 합니다.

4 어떤 사람이 아는 것과 단지 추측하고 있는 것을 구분하여야 합니다.

5 모순과 모호성에 주의해야 합니다.

6 사물의 다른 면을 보아야 합니다. 다른 시각에서 사고해야 합니다.

7 다른 사람의 관점을 공감적으로 이해하려고 노력하여야 합니다.

- **소크라테스 대화법으로 대화할 때 지켜야 할 규칙 5가지**

1 자신이 직접 경험한 일을 솔직하게 말해야 합니다.

2 자기 생각만 주장하는 것은 피해야 합니다.

3 대화는 상대와 함께 말하기 때문에 상대의 말을 잘 듣는 것이 중요합니다(공감).

   예) 아~~~~~~~그렇구나!

4 상대가 알아들을 수 있도록 발달 상태에 맞는 언어를 사용해야 합니다.

5 대화 주제에 맞게 이야기하여야 합니다.

스스로 답을 찾을 수 있게 도와주는 것이 소크라테스식 대화법이기에 함께 노력해야 합니다.

- **소크라테스식 질문 예시**

소크라테스식 질문 예시1

엄마: 지구환경에 무슨 일이 벌어지고 있지?

철수: 점점 더워지고 있어요.

엄마: 더워지고 있다는 걸 어떻게 알지? 어떤 근거가 그 답을 뒷받침해 줄 수 있을까?

철수: 인터넷에서 나오는 얘기예요. 인터넷에서는 항상 옛날만큼 춥지 않다고 말해요. 예년보다 기온이 높은 날이 많아요.

엄마: 기온이 왜 높다고 하는데?

철수: 인터넷에서는 지구온난화라고 그러던데.

엄마: 인터넷을 보고 지구온난화에 대해 알았다고? 그럼, 너는 지구온난화가 지금 벌어지고 있다는
　　　 사실을 인터넷이 정확히 알고 있다고 가정하니?

철수: 잘 모르겠는데 인터넷에서 북극에 있는 만년설이 녹고 있다고 하고 동물들도 살 곳을 잃고 있
　　　 다고 적혀있는데. 내 생각엔 그 문제를 연구하는 과학자한테서 듣고 글을 쓰 지 않았을까요?

엄마: 만약 과학자가 인터넷 글 쓰는 이에게 그렇게 말했다면, 과학자는 어떻게 알았을까?

철수: 그들은 기후를 관측하는 도구가 있어요. 과학자들은 지구 온도를 측정하는 연구요.

엄마: 과학자들이 그 일을 얼마나 오랫동안 하고 있다고 생각하니?

철수: 약 100년. 아마 더 오랫동안이지 않을까요?

엄마: 사실. 그 연구는 약 140년 동안 진행되어 오고 있어. 1860년부터.

철수: 거의 맞췄네요.

엄마: 맞아. 어떻게 알았지?

철수: 그냥, 관측 도구가 그때쯤부터 있지 않았을까 생각했어요. 과학자들도 그런 도구가 있어야
　　　 기후를 관측할 수 있으니까요.

엄마: 자. 그럼 정보를 찾아볼까? 최근 100년간의 기후를 봐. 지구의 기상 상태가 어떻게 변했는지 알
수 있겠니?

철수: 20세기가 이전 세기보다 훨씬 온도가 높네요.

엄마: 왜 그런지 추측할 수 있겠니?

철수: 한 마디로 오염 때문이겠죠.

엄마: 오염이 온도상승의 원인이라고 말할 때 어떤 가정을 한 거지?

철수: 차에서 나오는 탄산가스랑 공장에서 나오는 화학물질이 오염을 시켜요. 그리고 헤어스프레
　　　 이에서는 위험한 화학물질이 나와 대기를 오염시켜요….

소크라테스식 질문 예시2

1단계: 어떤 것이 문제인지 묻기

2단계: 그 문제를 자세히 듣고 다양한 방법으로 되묻기

3단계: 문제에 대한 새로운 시각을 찾을 수 있게 질문하기

4단계: 그 새로운 시각에 맞추어 원래의 문제가 어떠한지 살펴보기의 단계에 맞추어 소크라테스식
　　　 질문을 해보겠습니다.

- **1단계 어떤 것이 문제인지 묻기**

엄마: 무슨 걱정거리 있니?

민주: 이번 주가 개학인데 새로운 애들을 만날 때 친한 친구가 있을지 걱정이 돼요

엄마: 친한 친구가 없을까 봐 걱정되는구나!

민주: 네. 그리고 친구들이 나를 어떻게 생각할까도 걱정돼요.

엄마: 어떻게 생각할 것 같은데?

민주: 친구들이 날 지겨운 사람이라고 생각하고 나랑 이야기하고 싶지 않아 할 것 같아요. 내가 사교적인 사람도 아니고 유머가 있는 것도, 아니고 조용한 성격인데...ㅠㅠ 조용한데 죄는 아니잖아요?

- **2단계 그 문제를 자세히 듣고 다양한 방법으로 되묻기**

엄마: 음……. 그런데 들어보니까 민주는 조용한 게 죄라고 생각하는 것 같기도 하네, 아니니?

민주: 잘 모르겠네요. 그런 것 같기도 하고 사실 죄는 아니지만 활발한 친구들은 그렇게 생각할지도 몰라요. 만약 누가 조용하다면 그 사람은 지겨운 사람 아녜요?

엄마: 내가 지겨운 사람이라고 생각하는 건 다른 사람이 너에게 지겨운 사람이라고 얘기한 것을, 듣고 그런 거야 아니면 나 스스로 그렇게 생각하는 거야?

만주: 그런 건 생각해 본 적 없는데 아마 남들이 날 지겹다고 하면 나도 그렇게 생각 할 것 같아요.

- **3단계 그 문제에 대해 새로운 시각을 찾을 수 있게 질문하기**

엄마: 그럼 민주가 남의 의견과 같지 않다고 가정하고, 그 문제를 좀 더 생각해 보면 실제로 어떨 것 같을까?

민주: 음.... 난 조용한 사람이고 뭐 그게 모든 사람의 입맛에 맞지는 않을 거예요. 하지만 내가 자신을 지겹다고 생각한 적은 없어요. 내가 관심 같은 분야도 많고 혼자 있을 때 나름대로 즐겁게 사는 편인데 다른 사람들 앞에만 가면 위축이 돼요.

엄마: 그렇다면 너의 생각이 더 중요해 아니면 다른 사람의 생각이 더 중요해?

민주: 내 생각이 더 중요하죠.

엄마: 그럼 남의 의견에 따라 판단하기보다는 내가 자신을 어떻게 여기는가에 따라 결정할 수 있을 것 같은데?

● 4단계 그 새로운 시각에 맞추어 원래의 문제가 어떠한지 살펴보기

민주: 맞아요.

엄마: 민주는 "남들이 나를 지겹다고 생각한다면 나도 그렇게 생각하게 될 것 같다."고 이야기 했는
데 지금 생각은 어때?

민주: 내 생각이 꼭 맞는 건 아닌 것 같아요. 내가 자신이 어떤지를 좀 더 생각해 보고 내가 어떻게
하고 싶은지 생각해 봐야 할 것 같아요.

엄마: 우아 멋진 말이네. 그럼 이 마음을 오래 지속 할 수 있으려면 어떻게 하면 좋을까?

민주: 메모지에 써서 책상에 붙여 놓고 매일 볼래요. "누군가는 나를 지겹다고 생각 할 수도 있겠지
만 나는 즐겁게 사는 사람이야."라고요. ㅎㅎ

엄마: 우와 우리 딸 너무 이쁜데.....

☞ 소크라테스식 대화법 주의점

상대방의 이야기를 충분히 들어주고 공감이 먼저 되어야 합니다. 잘못 질문을 던지면 추궁을 한다
든지 따진다고 생각할 수 있기에 충분히 상대방의 대화에 귀를 기울이고 기다려 주는 시간을 가져
야 합니다.

예시3

다른 사람이 나를 놀려도 괜찮아요.

1 청소년의 기본 자료

1) 인적사항

♣ 이름 : 이 ○○

♣ 학년 및 연령 : 초등학교 6학년(13세)

♣ 성별 : 여

2) 청소년의 행동특성

자주 말다툼한다고 선생님께서 말씀하시고. 학업의 전반적인 부분이 부족하나, 칭찬을 들으면 의욕적으로 활동을 하는 학생임. 학업은 부진하나 선생님이 시키면 하려고는 하는 학생.

3) 부모의 생각(인지)

다른 아이들보다 1년 먼저 학교에 입학하여 행동이 느린 면이 있으며 이해력이 부족하다. 형제 관계가 언니, 어린 동생(7살)이 있어서 실제로 부모는 어린 동생을 돌보느라 자녀가 학습에 어려움을 호소하는데, 그 필요를 잘 채워 주지 못하고 있고 가정에서 따로 신경을 써 주지 못한다고 생각함.

4) 청소년의 강점과 약점

강 점 : 자신의 감정을 솔직하게 표현하고 맡은 일에 최선을 다하며 목표를 이루려는 의욕이 강하다. 무슨 일을 시키면 끝까지 해내는 책임감이 있다.

약 점 : 이해력과 자신을 돌아볼 줄 아는 반성의 사고가 부족하다. 그리고 다른 또래 아이들 보다 자기 중심성이 강하다.

2 문제

1) 호소문제

친구 진주가 이 ○○이 영어 받아쓰기에서 0점을 맞았다고 친구들 앞에서 큰 소리로 창피를 주었다. 또한, 이 ○○ 몰래 좋아하는 사람이 있는데 학급 친구들 앞에서 큰 소리로 좋아하는 사람을 소문내서 진주와 싸우게 되었다. 또한, 이 ○○는 칠판 당번인데 자신이 할 일을 진주가 가로채서 하는 경향이 있어서 화가 나고 짜증이 난다고 자신의 문제를 이야기하였다. 또한, 새로 좋아하게 되어 단짝 친구 윤선이를 사귀게 되었는데 진주가 자신의 단짝 친구를 빼앗으려고 한다고 느끼고 있다.

2) 호소문제의 배경

이 ○○는 6학년에 올라와서 진주와 친했으나 위와 같은 여러 사건으로 인해 사이좋게 놀다가도 말다툼을 하거나 토라지는 경우가 종종 발생했다. 반복되는 싸움으로 인해 마음이 많이 상한 상태였지만 다시 진주와 친해지려는 의지가 있어서 도움을 받고 싶어 했다. 앞에서 이야기했듯이 이 ○○의 이해력이 부족한 면과 자기 중심성이 문제를 만들어 냈다. 그리고 이 ○○이외의 문제로, 싸움의 원인으로 진주(상대방)의 공격적인 언어 스타일과 태도가 원인의 한 몫을 차지한다고 할 수 있다.

3 부모코치 대화의 과정

1) 심리적 문제의 탐색

♣ 정서적 문제 : 화가 난다. 짜증이 난다. 스트레스를 받는다. 우울하다.

♣ 행동적 문제 : 잦은 말다툼이 생긴다.

엄마: 요새 어려운 문제가 뭐야? 집에서나 학교에서나 학원에서나….

선미: 학원에서 공부가 좀 어려워.

엄마: 그것 말고 또 다른 문제가 있니?

선미: 몰라요(당돌하게).

엄마: (스트레스를 받는 상황을 적은 쪽지를 보며) 친구들과 함께 놀 때 친구가 내 편을 안 들어 주면, 진짜 짜증난다고 하는데 그런 거니? 그럼 내 편 안 들어 줄 때 말고 또 언제 짜증이 나니?

선미: 진주가 영어 받아쓰기 0점 맞았다고 소문을 내고 다닐 때.

엄마: 그리고 또?

선미: 좋아하는 사람 있다고 소문낼 때.

엄마: 아, 소문낼 때 그때 짜증이 났구나! 그때 짜증 난다는 기분 말고 또 어떤 기분이 들었어?

선미: 우울했어.

엄마: 그래서 자주 말다툼을 하게 되니?

선미: 응.

☞ **부모의 코칭 소감**

처음 질문 "요새 어려운 게 뭐야?"라고 물어보면 정서적인 문제를 자녀가 이야기할 것이라고 기대했었는데 기대와는 달리 사건(상황)에 대해서 먼저 이야기를 하여 조금 당황스러웠다. 하지만 자녀가 자신의 감정을 솔직히 잘 이야기해 주어서 자녀의 정서적 결과가 무엇인지 알게 되어서 좋았다.

2) 상담목표의 설정

♣ 결과적 목표 (자녀와의 대화를 통해 얻은 목표)

① 정서적 결과 목표: 놀림을 받아도 짜증나는 마음과 우울한 마음 줄이기.

② 행동적 결과 목표 : 진주와 다시 친해지기.

엄마: 내가 원하는 대로 된다면 어떻게 마음이 변했으면 좋겠니?

선미: 짜증나고 우울한 일이 없어졌으면 좋겠어.

엄마: 엄마한테 이야기한다고 해서 우울한 마음이 다 없어지지는 않겠지만 우울한 마음 줄이기는
방법을 엄마와 찾아보면 어떨까? 그리고 만약 네가 원하는 대로 완전히 성공적으로 된다면
행동은 어떻게 변했으면 좋겠니?

선미: 진주랑 다시 친해지고 싶어.

☞ **부모의 코칭 소감**

자녀가 어려움을 느끼는 상황에 대해 무엇이든지 생각나는 대로 말해 보게 한 뒤 자녀가 학급에서
평소에 보였던 행동을 바탕으로 정서적인 어려움과 행동적인 어려움을 이야기하고 그 과정을 통해
이번 문제 행동을 서로 의논하여 설정하였다. 문제 행동 줄이기(목표설정)를 설정한 후 건강한 정신
의 기준(합리적 생각의 기준)을 이야기해 주었으면 좋았을 터라는 아쉬움이 남았다.

3) 문제탐색과 명료화

♣ 자녀는 자신이 싫어하는 행동을 친구가 반복적으로 해서 기분이 우울해지고 화가 난다고 지각
했다.

엄마: 혹시 또 너를 힘들게 하는 사람이 있니? 엄마가 다 들어 줄 테니 이야기해 볼래?

선미: 동생. 아무것도 안 했는데 머리카락 잡아당기고 눈 꼬집고 때려.

엄마: 자, 그럼 이제까지 이야기를 정리해 보자. 너는 진주에게 화가 나는 일이 있지? 그리고 동생
에게 화가 나는 일이 있지?

선미: 응.

엄마: 그럼, 동생은 어리니까 잠깐 접어두고 학교에서 화가 나는 문제에 대해 생각해 보기로 하자.

선미: 응.

엄마: 진주가 네 비밀을 이야기한 것 말고 또 너를 힘들게 한 일이 있니?

선미: 제가 윤선이랑 (자녀랑 친한 친구임) 급식 먹으러 가려고 했는데 진주가 와서 윤선이에게 할 얘기 가 있다고 하고 끌고 갔어. 그리고 정년이라는 친구가 다쳐서 보건실에 같이 가려고 있는데 진주가 윤선이만 데리고 가고 나는 오지 말라고 했어. 정말 짜증 나게 지(진주)가 뭔데 나를 오 지 못하게 해?

엄마: 너만 빼놓고 진주와 윤선이가 보건실에 갔을 그때 너의 마음은 어땠니?

선미: 우울하고 짜증 나고 화가 나지!

엄마: 우울했구나(공감하기)…. 그럼, 너는 네가 우울해지는 것이 진주 때문이라고 생각하는 거니?

선미: 응.

엄마: 진주가 주로 어떻게 해서 네가 우울해지니?

선미: 내가 싫어하는 일을 해.

엄마: 그렇구나! (공감하기) 진주는 네가 싫어하는 일을 하는구나! 그럼, 너는 어떤 일이 싫은데?

선미: 내 비밀을 소문 내구. 내가 윤선이랑 놀고 있을 때 진주가 같이 끼어서 놀고 아무 말도 안 했 는데 윤선이한테만 달라붙어 있고.

엄마: 그러면 너는 네가 우울해지는 것이, 다 진주 때문이라고 생각하니? (재진술) 진주의 행동 때문 이라고 생각하니?

선미: 응.

☞ **부모의 코칭 소감**

반응유발 탐색에 대한 첫 번째 질문은 "무슨 일이 있었니?"로 시작하는 것이 보통이나 실제로 부 모코치를 하다 보니 바로 적절하게 질문이 연결되지 못했던 것 같다. 또한, 부모가 같은 말을 중복 하는 실수를 보였다. 하지만 자녀가 한 말을 공감해 주고 재진술 해 주려고 노력하였으며 여러 번 의 질문을 통해 자녀를 우울하게 만드는 사건을 알게 되었다. 우울하게 만드는 사건은 놀림을 받은 사건 이외에도 또래가 중요시되기 시작하는 6학년 시기이므로 한 명의 친구를 사이에 두고 생기는 경쟁심, 질투심과 관련된 사건도 있었다. 자녀가 덜 우울하게 느끼기 위해서는 먼저 자녀의 인지가 바뀌어야 하지만 인지가 바뀌고 난 다음에 가해 친구와 자녀가 친해질 수 있는 어떤 계기나 공통의 소재가 제공되면 더 효과적인 부모코치가 될 것 같은 느낌을 받았다.

4) 정서적 결과와 행동적 결과 그리고 사고 간의 관계에 대한 교육

> ♣ 부모는 정서적 결과와 행동적 결과 그리고 사고 간의 관계에 대한 교육을 위해 예화를 사용하였다
> (생일 예화).

엄마: 우울해지는 것이 다 누구의 행동 때문이라고 생각해?

선미: 진주.

엄마: 그런데 네가 우울해지는 것은 진주의 행동 때문만은 아니야. 진짜 이유가 있어. 그것이 뭔지
　　　아니?

선미: 아니.

엄마: 알고 싶니?

선미: (궁금한 듯이) 응.

엄마: 엄마가 예를 들어 줄 테니까 잘 들어봐. 예가 끝난 다음에 엄마가 묻는 말에 잘 대답해야 해.

선미: 응.

엄마: 너희 반의 회장이 누구니?

선미: 박다윤과 한종수.

엄마: 박다윤도 5월 1일이 생일이고 한종수도 5월 1일이 생일이라고 생각할게. 둘 다 같은 날 생일
　　　이라고 상상해 보자. 5월 1일이 됐어. 너는 주로 생일에 무슨 국을 먹니?

선미: 미역국.

엄마: 그래, 맞았어. 그런데 다윤이의 생일이 됐는데 다윤이 엄마가 미역국도 안 끓여주고 생일축
　　　하 한다는 말도 안 하셨어. 그래서 다윤이가 속으로 무슨 생각을 했냐 하면 '흥, 엄마는 내 생
　　　일을 잊어버린 게 분명해. 그러니까 미역국도 안 끓여주지. 그리고 내 생일을 잊어버린 거로
　　　봐서 날 사랑하지 않는 게 분명해.' 그렇게 생각을 했고, '엄마는 날 사랑하지 않기 때문에 미
　　　역국을 안 끓여 준 거야.' 그렇게 생각하니 갑자기 다윤이 마음에 화가 치밀고, 버림받은 느낌
　　　과 따돌림받는 느낌이 들면서 우울해 졌어. 그런데 같은 날 생일인 종수도 아침에 일어났는
　　　데 엄마가 미역국을 안 끓여 주신 거야. 생일축하 하다는 말도 안 해 주셨어. 그때 종수는 마
　　　음속으로 '아, 엄마가 회사에 출근하시는데 오늘 바쁜 일이 있어서 깜박 잊고 못 챙겨 주셨나
　　　보다. 할 수 없지. 뭐. 아쉽기는 하지만 다음에 엄마가 미역국을 끓여 주었으면 좋겠다.' 그렇
　　　게 생각을 한 거야. 자, 보자. 둘 다 어떤 일이 일어났니?

선미: 엄마가 생일인데, 둘 다 미역국을 안 끓여 주었어.

엄마: 그때 다윤이는 마음속으로 무슨 생각을 했니?

선미: 화를 내면서 버림받은 느낌이라고 생각을 했어.

엄마: 종수는 속으로 무슨 생각을 했니?

선미: 엄마가 회사 일 때문에 바빠서 못 끓여 주었는데 다음에는 끓여 주시겠지 생각을 했어.

엄마: 그래, 맞아, 바빠서 그랬다고 엄마를 이해했어. 그리고 다음에 끓여주면 좋겠다고 생각을 한 거지. 똑같이 미역국을 못 먹었는데 다윤이는 화가 나고 버림받은 느낌이 들었는데 종수는 섭섭하기만 하고 화가 나지는 않았거든. 둘이 마음이 다른 이유가 무엇일까?

선미: (고민하는 듯 침묵)

엄마: 똑같은 일이 벌어졌는데 무엇이 달라서 한 사람은 화가 나고 한 사람은 화가 안 났을까?

선미: 질투심.

엄마: 비슷한 거야. 다윤이는 속으로 무슨 생각을 했지?

선미: 화나고 엄마한테 버림받은 느낌.

엄마: 마음속으로 그 생각을 한 거야. 종수는?

선미: 종수는 회사일 때문에 바빠서 못 끓여 주셨는데 다음에는 끓여주시겠지.

엄마: 그런 생각을 한 거지? 그럼 둘이 이렇게 마음으로 느끼는 기분이 다른 건 무엇이 다르기 때문이니?

선미: 생각.

엄마: 음. 맞았어. 우리 딸 똑똑하구나. 그래~~ 생각이 다르기 때문이야. 너도 진주의 행동이 화가 나지? 네가 비밀로 하고 싶었던 일을 이야기하고 윤선이와 잘 놀지 못하게 했지? 그때 너는 어떤 기분이 들었다고?

선미: 질투심이 나고 짜증 나고 우울했어.

엄마: 그래, 속상했을 거야. 그런데 네 마음이 우울하고 짜증 난 것은 진주 때문이기도 하지만 누구와도 관련이 있을까?

선미: 진주.

엄마: (당황하여) 음……. 진주가 네 비밀을 이야기했을 때, 윤선이와 놀지 못하게 했을 때 결국 화가 나고 짜증 나는 건 누구니?

선미: 나.

엄마: 그래, 다윤이와 종수의 이야기처럼 결국 네가 생각하는 것 때문에 우울해지는 거지? 결국, 선미가 생각하는 것 때문에 결국 네 마음이 어떻게 되지?

선미: 짜증 나고 우울해져.

엄마: 진주는 짜증 나고 우울할까?

선미: 아니.

엄마: 누구만 짜증 나고 우울할까?

선미: 나.

엄마: 그럼 결국 누구 손해니?

선미: 내 손해지. 그걸 누가 모르냐고 근데 내가 짜증 나고 우울한걸 어떡해.

엄마: 그래 네가 짜증 나고 우울하고 화나는 감정은 그럴 수 있어 그건 너의 감정이니 그 부분을 친구한테 그대로 이야기 해 보는 건 어때? 그렇게 하기 싫다면 그럼 누가 고치면 될까?

선미: 내가 고쳐야지.

엄마: 네가 뭘 고치면 될까?

선미: 진주한테 잘 해주면 돼.

엄마: 음…. 그래 진주한테 잘 해 주겠다는 무엇을 바꾸면 되지?

선미: 생각.

엄마: 결국 짜증 나고 화가 나서 내가 괴롭지 않으려면 누구의 생각을 바꾸면 될까?

선미: 내 생각.

엄마: 왜냐하면 진주는 선미가 아니니까 선미가 바꿀 수가 없어. 내가 바꿀 수 있는 건 나의 무엇이니?

선미: 내 생각.

엄마: 다음번에는 진주가 선미를 우울 하게 해도, 우울하지 않게 조절하는 법을 배워 보자. 엄마랑 같이 찾아가고 훈련해 보는거야. 우울하지 않게 하는 방법이 무엇인지 궁금하지? 궁금한 건 다음에 생각하면서 바꿔보고 어떻게 잘 되었는지 또 이야기하면서 찾아가 보자.

선미: 응.

☞ 부모의 코칭 소감

자녀가 우울한 생각이 드는 것이 자녀의 사고가 우울한 감정을 유발한다고 보았다. 부모코치에서 정서적 결과와 행동적 결과, 그리고 사고 간의 관계에 대한 교육을 예화를 통하여 진행해 보았다. 예화를 들려주기 전 자녀의 흥미를 돋우기 위해서 궁금증을 유발하는 방법을 사용하였고 자녀와의 문답을 통하여 예화의 대상이 되는 친구의 이름을 같이 설정하여 이야기를 들려주었다. 이 과정을 진행하면서 궁금한 점은 자녀가 친근감을 느끼는 사람을 대상으로 예화를 들려주는 것이 효과적인지 아니면 제3의 인물을 등장시켜서 예화를 들려주는 것이 효과적인지 조금 더 대화해 볼 필요를 느꼈다. 왜냐하면, 초등학교 6학년 아이인 자녀는 예화와 실제 상황을 혼동하여 예화의 등장인물이 한 말이 실제로 한 말이 아닌데 실제로 행동하고 말한 것으로 생각하는 경향을 보였기 때문이다. 또한, 예화를 마친 후 자녀와의 상황과 예화를 연결해서 생각의 변화가 중요함을 깨닫도록 노력하였다. 마지막으로 다음번에 이야기 나눌 내용을 먼저 이야기하지 않고 자녀를 기대하는 마음을 갖도록 유도하였다.

☞힘든 점

자녀의 반응에 당황하여 적절히 반응하지 못하고 적절한 어휘를 선택하여 이야기를 꾸려나가는데 어려움을 겪어 더 공감하는 기술과 기다리는 여유를 갖고 대화해야 한다고 깨달았다.

5) 자녀를 불행하고 불안하게 만드는 근본적 사고의 탐색

♣ 자녀의 역기능적 스키마는 '사람들이 자신을 절대로 놀리지 않고 무시하지 않았으면 좋겠다.'였다. 이와 같은 수준에서 비합리적인 사고로 '어떤 사람들이 나에게 나쁘게 행동한다면 그에 상응하는 처벌을 받아야 한다.'라는 생각을 찾아냈다. 하지만 부모코치에서는 전자의 비합리적인 사고만을 다루었다.

엄마: 오늘은 기분이 어떠니?

선미: 몰라, 그냥 그래.

엄마: 어제의 이야기를 계속해 보자. 진주가 영어 받아쓰기 0점 맞았다고 친구들 앞에서 놀릴 때 너는 마음속으로 무슨 생각을 했어?

선미: 나도 진주가 0점 맞을 때 있으면 소문내고 싶다는 생각을 했지.

엄마: 아~ 진주가 0점 맞으면 소문내고 싶었어? 그것 말고 또 무슨 생각을 했어?

선미: 진주하고 같은 반이 아니었으면 좋겠다.

엄마: 또 무슨 생각을 했니? (귀납적 추리)

선미: 진주한테 거짓말이라도 "진주 너도 지난번에 받아쓰기에서 0점 맞았잖아."라고 얘기하고 싶었어.

엄마: 얘들 앞에서 진주 너도 영어 받아쓰기에서 0점 맞았잖아. 이야기하고 싶었구나! 그러면 무엇 때문에 친구들 앞에서 "진주 너도 영어 받아쓰기 0점 맞았잖아."라고 이야기하고 싶었니?

선미: 진주가 소문내고 다녀서.

엄마: 진주가 소문내고 다녀서. 0점 맞았다고 소문낸 게 아래(자녀) 마음속에 어떤 생각이 들게 했어?

선미: 창피했어. 얘들이 놀릴까 봐.

엄마: 창피했다고 치자. 그때 창피했지? 창피하다고 느꼈을 때 선미는 어떤 사람이라고 느꼈니?

선미: (긴~침묵 후) 진주하고 똑같이 소문을 내고 싶은 사람.

엄마: (당황하여) 진주하고 똑같이 창피함을 당했으면 좋겠다는 생각을 했구나!

선미: 응.

엄마: 그럼 선미 마음속에는 무슨 생각이 있냐 하면 친구가 나를 놀리거나 무시해서는 안 된다는 생각이 있는 게 맞니? (귀납적 해석)

선미: 응.

엄마: 친구들이 너를 절대로 놀리지 않았으면 좋겠어? 무시하지 않았으면 좋겠어?

선미: 응.

엄마: 그럼, 너를 아는 모든 사람이 너를 절대로 놀리거나 무시하지 않았으면 좋겠니?

선미: 당연하지!

엄마: 오늘 엄마랑 이야기하면서 무엇을 느꼈고 어떤 점이 어려웠어?

선미: 진주가 나를 안 놀리면 좋겠고 친구들이 나한테 친절하고 잘 대해 주었다면 좋겠고, 모든 사람이 나를 절대로 놀리거나 무시하지 않고 좋아해주었으면 좋다는 생각.

엄마: 그럼? 나 자신이 어떻게 바뀌면 좋을까?

선미: 친구들하고 친하게 지내고 싶어. 근데 어떻게 해야 할지 잘 모르겠어…….

엄마: 자, 그럼 절대로 놀리지 않았으면 좋겠다는 생각이 선미를 괴롭히는데 엄마와 다음에 선미가 편한 시간에 엄마와 이야기를 나누며 그 생각을 바꾸어 보도록 하는 것은 어떨까?

선미: 응.

☞ 부모의 코칭 소감

자녀의 비합리적인 사고를 탐색하는 방법에는 귀납적 자각, 귀납적 해석, 추론 연쇄, 접속 구문과 문장완성, 연역적 해석, 논박이 있다. 부모코치에서는 주로 사건과 관련하여 "그 일이 있을 때 마음속으로 무슨 생각을 했니?"라는 질문을 통해 이야기를 풀어나갔다. 귀납적 추리의 질문 "그 밖에 무슨 생각을 했니?" "또 무슨 생각을 했니?"라는 질문을 사용하였다.

초등학교 6학년 자녀에게 "앞의 말을 동의한 후 그것의 의미는 무엇이니?"라는 질문을 했을 때 이해하지 못하는 경우를 보았기 때문에 귀납적 추론을 통해 부모가 귀납적 해석을 하였고 부모의 해석이 틀릴 수 있으므로 부모의 해석이 맞는지 물어보는 과정으로 비합리적인 사고를 탐색하였다.

비합리적인 사고를 탐색하고 나서 자녀에게 '반드시~해야 한다.'라는 당위적 생각이 유발하는 생각(과장성, 인간 비하성, 낮은 인내성)을 교육하고 싶었으나 교육하지 못한 점이 아쉽다.

6) 탐색 된 사고의 체계를 논박을 통해서 바꿈

엄마: 친구들이랑은 어떻게 잘 지냈니?

선미: (웃음) 모르겠어.

엄마: 지난번에 선미 안에서 선미를 괴롭히는 생각을 찾아 봤잖아! 선미안에는 '다른 사람이 선미를 절대로 놀리거나 무시해서는 안 된다.'라는 생각이 있었지?. 맞아?

선미: 응.

엄마: 선미를 괴롭히는 생각을 어떻게 바꿀 수 있을까?

선미: (생각하며 침묵)

엄마: 엄마가 이야기를 하나 들려줄 테니 잘 들어볼래?

선미: 응.

엄마: 에디슨 알지?

선미: 응.

엄마: 저기 위에 불이 들어오는 전기 보이지? 저 전기를 만든 사람이 에디슨이잖아. 그런데 어린 시절에 에디슨은 주위 사람들한테 놀림을 많이 받았던 사람이래. 호기심이 많았던 에디슨은 어느 날 닭이 달걀을 품는 것을 보고 자신도 달걀을 품으면 그 달걀에서 병아리가 나올 거라고 생각을 했는데. 그런데 달걀이라고 해서 모두 다 병아리가 되는 게 아니란 걸 선미도 알지?

선미: 선생님 그러시는 결혼한 닭이 낳은 달걀만이 병아리가 될 수 있는데.

엄마: 잘 알고 있구나! 그런데 발명왕 에디슨은 그것을 몰랐던 거야. 그래서 하루, 이틀, 사흘……. 일주일 이렇게 학교에 갈 때나 집에 있을 때나 달걀을 품고 다녔어. 결국, 달걀이 썩어 버려 병아리는 나올 수 없었어. 그걸 안 친구들은 에디슨을 놀렸지. "바보야, 바보야, 바보야."라고. 그 이후에도 에디슨은 엉뚱한 짓을 많이 해서 결국 학교에서 쫓겨나게 되어서 이 이야기 선미도 책을 통해 읽어서 알 거야? 그치? 그럼 그렇게 친구들한테 놀림을 받았을 때 에디슨의 마음은 어땠을까?

선미: 바보 같다는 생각이 들기도 하고 애들이 놀려서 짜증 났을 것 같아.

엄마: 그런데 에디슨이 짜증 나고 화가 난다고 공부도 안 하고 사는 걸 포기하면 어떤 사람이 됐을까?

선미: 바보 같은 사람이 되었겠지만, 화가 나고 짜증이 나는 것을 어떻게 참기만 해? 참으면 더 바보가 되는 거 아니야?

엄마: 그럼 에디슨은 학교에서 쫓겨나고 놀림을 받았을 때 "속상해. 속상해. 속상해." 이런 생각을 계속했을까 아니면 "괜찮아. 신경 안 써. 다른 새로운 것이 없을까?" 이렇게 생각했을까?

선미: 두 번째. "신경 안 써. 괜찮아."라고 생각했겠지, 하지만 그게 쉽냐고……

엄마: 이야기를 하나 더 해 줄까? 비행기를 만든 라이트형제도 알지?

선미: 응.

엄마: 이야기를 해 줄 테니 들어봐?

선미: 응.

엄마: 지금은 미국이나 프랑스 먼 나라를 갈 때 비행기를 타고 가지? 그렇지만 지금으로부터 100여 년 전 만 해도 비행기라는 건 세상에 없었어. 열을 이용해서 나는 열기구나 글라이더는 있었지만 멀리까지 여행할 수 있는 비행기는 없었지. 그때 라이트형제는 '나도 하늘을 날고 싶다.'라는 생각을 하고 비행기를 만드는 일을 시작했어. 하지만 첫 번째 실험은 성공적이지 못했어. 사람들은 라이트형제를 놀리기 시작했지. "그러면 그렇지. 자전거공장을 하는 사람들이 비행기를 만들 수 있겠어? 사람이 어떻게 하늘을 날아?"라고 놀렸어. 그때 라이트형제의 기분이 어땠을까? (은유적 논박)

선미: 슬프고 우울하고 화가 났겠지.

엄마: 그랬겠지. 하지만 라이트형제는 사람들이 자신들을 놀리는 것을 신경을 안 쓰고 계속 연구를 해서 결국 훌륭한 비행기를 만들어 냈잖아.

선미: 알지.

엄마: 에디슨이나 라이트형제가 사람들이 실패했다고 놀림을 받았을 때, '사람들이 나를 놀리네. 기분 나빠. 우울해.' 이런 생각을 계속했다면 그 생각이 훌륭한 사람이 되는 데 도움이 됐을까?

선미: 그건 아니지만…….

엄마: 선미야, 진주나 친구들이 선미를 놀렸을 때, '우울해. 속상해.' 이런 생각을 계속하는 게 너에게 도움이 되니? (실용적 논박)

선미: 아니지 그러면 어떻게 화가 나고 짜증이 나는 것을….

엄마: 그렇다면 도움이 되지 않는 우울하다는 생각을 어떻게 하고 싶니?

선미: (오래 생각하며) 잘 모르겠어요.

엄마: 선미야, 엄마가 숙제를 하나 내줄 테니 학교에 가서 한번 해볼래?. 오늘 숙제는 친구들에게 '나는 놀림을 받은 경험이 있나요?' 물어보고 그때 어떤 마음이 들었는지 조사를 해서 오는 거야. 조사한 후에 친구들이 어떤 마음을 가졌는지 느껴보고 다시 엄마랑 감정에 대해 이야기해 보자 어때?

선미: 알았어.

☞ **부모의 코칭 소감**

논박의 전략인 논리성, 현실성, 실용성, 합리적인 대안에 논박의 스타일인 지시적, 논 답 식, 은유의 사용, 유머의 사용을 곱하여 16가지가 있다. 그런데 요번 부모코치에서는 초등학교 6학년에 맞게 "그 생각이 도움이 되는가?"라는 질문을 통해 실용적인 접근을 사용하였다. 실제 예화를 통한 은유 적인 방법을 사용하여 논박해보았다. 하지만 자녀가 자녀의 마음이 짜증이 없어지지 않고 자기중 심적 사고를 하고 있어서 은유적 표현이 자녀에게 설명하는 데 어려움을 느꼈다. 부모의 14의 대답 을 보면 부모의 핵심적인 질문에 자녀가 이해하지 못해 대답을 제대로 하지 못한 것을 알수 있다. 약 50분가량 자녀와 이야기를 하면서 약간의 허탈감을 느꼈다. 열심히 부모와 대화해 준 자녀에게 어떻게 도와줘야 할지 몰라 난감한 기분이 들기도 하였다.

---

7) 논박의 인지적 기법과 행동적 기법 및 정서적 기법의 활용

엄마: 조사한 내용을 엄마한테 이야기해 줄래? (조사)

선미: 응 여기... (조사한 내용은 여기 있어)

순서	이름	놀림을 받은 경험	어떤 놀림을 받았나요?	놀림을 받았을 때 마음이 어땠나요?
1	진향화	O	별명 부르기	우울해지고 마음이 쿡쿡 쑤신다.
2	김혜라	O	말을 지어 별명을 만든다.	짜증 나고 속상하다
3	김가영	O	얘기하면 꼭 내 별명을 붙인다.	마음이 아프고 우울하다.
4	안유민	O	얘들이 자꾸 놀린다.	속상하고 마음이 아프다.
5	방정연	O	노래 나올 때 내 별명을 큰 소리로 불렀다.	속상하고 마음이 아프고 엄마한테 이르고 싶은 마음
6	최윤선	X	없음	없음
7	김진주	O	김치와 김밥이라고 놀린다.	짜증 났다. 때리고 싶다.
8	김도경	O	도선사라고 놀렸다.	그 애가 정말 밉고 때려주고 싶었다. 그리고 짜증 났다.
9	박다윤	O	배터리라고 놀렸다.	우울하고 짜증 났다.
10	장민규	O	대답 없음	대답 없음

엄마: 조사하면서 무엇을 느꼈어?

선미: 나만 놀림을 받는 게 아니라는 걸 알았어. 그리고 나처럼 놀림을 받으면 친구들도 화나고 짜증 난다는 걸 알았어.

엄마: 그렇구나. 친구들도 놀림을 받으면 선미처럼 속상할 거야. 그렇지만 선미와 엄마는 놀림을 받은 친구들처럼 우울해하지 않고 우울하고 화나는 마음을 줄이는 방법을 찾아보는 것이 엄마에게 고민을 털어놓은 이유지? 그래!. 선미는 친구들한테 놀림을 받으면 마음속으로 무슨 말을 한다고 했었지?

선미: 그 친구를 부모님께 이르고 싶고 혼내주고 싶다는 생각과 우울하다는 생각 화나는 생각이 났어.

엄마: 선미야, 너만 놀림을 받는 것이 아니야. 다른 친구들도 놀림을 받고 있잖아. 이 친구 중에서 "쟤는 나를 놀려. 나는 아무것도 할 수 없어." 이렇게 생각하는 사람은 계속 기분이 나쁘고 에디슨이나 라이트형제처럼 훌륭한 사람이 못 되지만 다른 사람의 말에 신경을 안 쓰고 내가 하고 싶은 일을 하는 사람이 행복한 사람이 될 거야.

선미: (갑자기 생각난 듯이 말을 가로채며) 그런데 다윤이는 세훈가 배터리라고 놀린대.

엄마: 배터리라고 놀린대? 속상하겠지?

선미: 속상하지 열 받지!

엄마: 그럼, 놀리는 거에 신경 써야 할까 신경을 쓰지 말아야 할까?

선미: 신경 쓰지 말아야 하는 것 누가 몰라? 근데도 신경이 쓰이니 문제지!

엄마: 맞아 신경을 안 쓰려고 해도 신경이 쓰이지? 그래서 너 자신을 위해 self talk을 너한테 하는 거야! 스스로한테 자꾸 세뇌를 시켜보는 거지? 네가 신경을 안 쓰면 우울한 마음이 줄어들어 어떻게 해볼 수 있겠니?

선미: 아니.

엄마: 세훈이가 너를 무엇이라고 놀리니?

선미: 이 서방.

엄마: 엄마가 세훈이를 할게. 선미는 선미를 하는 거야. (역할 연기)

선미: 응.

엄마: 야, 이 서방~ 이 서방~ 이 서방~

선미: (대답 없음)

엄마: 세훈이에게 무슨 말을 해 주고 싶니?

선미: 별명을 똑같이 부르고 싶어

엄마: 불러 볼래?

선미: (한참 망설이다.) 문어야~

엄마: 다시 불러 볼래?

선미: 문어하고 새우가 별명이야.

엄마: 두 개 다 불러봐.

선미: 너는 문어하고 새우잖아.

엄마: 이 서방~

선미: (말이 없음)

엄마: 쑥스러운 거지. 그러면 역할을 바꿔볼게. 네가 세훈이를 하는 거야. 그리고 엄마가 선미를 하는 거야. 지금은 세훈이가 선미를 놀리는 상황이야. 놀려봐.

선미: (주저 없이)야, 이 서방~

엄마: 왜?

선미: 이 서방~

엄마: 또 놀려 볼래?

선미: 야, 이 서방 뭐하냐?

엄마: 지금 공부하는데……. 선미야, 선미가 놀렸는데 엄마가 어떻게 했어?

선미: 놀리는 거 신경을 안 쓰고 자기 할 일 했어.

엄마: 음, 맞았어. 자기 할 일을 했지? 너는 계속 놀리고 싶니? 너는 세훈이가 돼서 이 서방~ 이 서방 그래봤잖니? 계속 놀리고 싶은 맘이 들었니?

선미: 아니.

엄마: 놀리는데, 신경을 안 쓰니까 놀리고 싶은 마음이 안 들었지?

선미: 응.

엄마: 바로, 그거야. 친구가 놀리면 신경을 쓰지?

선미: 응.

엄마: 신경을 쓰지 않으면 친구들이 재미없어해.

선미: 맞아 무시해야 해.

엄마: 친구들이 놀릴 때 선미는 마음속으로 '복수해 주고 싶다.'라는 맘이 든다고 했었어. 이번에는 친구들이 놀릴 때마다 마음속으로 무슨 생각을 하고 싶어?

선미: 신경 안 쓰고 자기 할 일을 할래.

엄마: 신경을 안 쓰고 내 할 일을 한다. 그리고 '놀려도 괜찮아'라는 맘을 가지고 있으면 어떨까? 괜찮을까?. 왜 괜찮을까?

선미: 놀려봤자 소용이 없으니까.

엄마: 놀려도 선미가 아주 사랑스러운 사람이라는 것은 변하지 않으니까. 엄마가 예화를 하나 더 들어줄게. 잘 봐.(주머니에서 10,000원 지폐를 꺼내며) 얼마야? (눈으로 예화 보여 주며 설명하기)

선미: 10,000원

엄마: 10,000원이지? 이거 가지고 무엇을 할 수 있을까?

선미: 사 먹을 수 있고 물건을 살 수도 있지

엄마: 응, 그래 근데 잘 봐.(10,000원 지폐를 손안에서 마구 구기며 찢음) 손 안에 10,000원이 어떻게 되었어?

선미: (놀라며) 구부러지고 찢어져서 왜 그래?

엄마: 이 찢어진 돈을 가지고 무엇을 살 수 있을까?

선미: 아무것도 못 하지.

엄마: 이것 가지고 아무것도 못 해?

선미: 아니.

엄마: 살 수 있어? 붙여서 쓰면 되 그럼 무엇을 살 수 있어?

선미: 음식하고, 물건들하고….

엄마: 아까처럼 똑같이 다 살 수 있지?

선미: 응.

엄마: 이번에는 엄마가 돈에 침을 묻혔어. 이것을 가지고 무엇을 살 수 있을까?

선미: 아까랑 똑같이 살 수 있어.

엄마: (돈에 코를 푸는 시늉을 하며) 무엇을 살 수 있을까?

선미: (자신 있게) 다 살 수 있어.

엄마: 왜?

선미: 돈이니까.

엄마: 이게 바로 무엇이냐 하면….엄마가 돈을 꾸긴 것은 친구가 널 놀리는 거야. 친구가 놀려도 선미라는 사람은 변해 안 변해?

선미: 안 변해.

엄마: 그래, 선미는 아주 예쁘고 사랑스러운 사람이라는 것은 안 변해. 엄마가 침을 묻혀도 만원이 변해 안 변해?

선미: 안 변해.

엄마: 친구가 너랑 안 놀아줘도 변해 안 변해?

선미: 안 변해

엄마: 맞아. 넌 변하지 않는 소중한 사람이야. 친구가 놀린다고 해서 선미가 소중한 사람이라는 것은 변하지 않는 거야. 내가 소중한 사람이라는 것이 변하지 않는다면 친구들이 놀릴 때 나는 마음속으로 무슨 생각을 해야 할까? (자기 언어의 사용)

선미: 놀려도 아무 상관 없어. 놀려도 괜찮아.

엄마: 엄마가 친구가 돼서 놀려 볼게. 이 서방~ 이 서방~

선미: 놀려도 괜찮아.

엄마: 친구가 놀려도 마음이 우울해지지 않기 위해서는 지금의 생각을 연습을 해야해. 매일 아침 학교 오기 전에 거울을 보고 연습을 하는 방법을 가르쳐 줄게.자, 여기에 적어보세요. '자기 진술문'이라고 적어봐. (합리적 자기 진술문)

선미: 응? (잘 모르겠다는 듯이 반문하며)

엄마: 자기.진술.문.. 아! 잘 썼어. 자기 진술문이 무엇이냐 하면 다른 사람이 나를 놀리게 되거나 아니면 내 말을 들어 주지 않을 때 나한테 스스로 이야기를 하는 거야. "나는 내가 만나는 사람에게 놀림을 받고 싶지 않다." 놀리는 사람이 심심해서 놀이하는 것이다. 나는 그 놀이에 참여하고 싶지 않다 그렇기에 친구들이 놀려도 괜찮다. 왜냐하면, 나는 놀기 싫으니까!!!

선미: 응, 좋아.

엄마: "그렇지만 내가 놀림을 받는다고 해도 괜찮아. 놀림을 받아도 나는 어떤 사람?"

선미: 괜찮은 사람. 아무렇지도 않은 사람.

엄마: 그래, 소중한 사람. 10000원이 그대로 있는 것처럼 아무렇지도 않고 소중한 사람이야. 자기 진술문을 매일 아침 일어나서 나 자신한테 이야기하는 거야. 제일 처음 자기 진술문에 무엇이라고 적을까? 선미는 지금 문제가 친구들이 놀리는 게 기분 나쁜 것이었잖아. 진주가 너를 무엇이라고 놀리지?

선미: 영어 받아쓰기 0점 맞았다고 놀리고 좋아하는 사람이 있다고 놀려.

엄마: 그때 자존심이 상했지?

선미: 응(큰 소리로)!

엄마: 잘 생각해 보면 진주가 0점 맞았다고 친구들 앞에서 큰 소리로 이야기했을 때 널 놀린 사람이 있었니? 없었지? 그래, 놀려도 괜찮은 거야. 곰곰이 생각해 보면 다른 사람은 네 일에?

선미: (자신 있게) 상관 안 해.

엄마: 맞아, 상관 안 했어. 그러니까 너도 상관 안 하면 되지.

선미: 응.

엄마: 친구들이 놀릴 때는 놀려도 괜찮아. 늘 마음속으로 이야기를 하렴. 같이 자기 진술문을 써 보자.

선미: 나는 내가 만나는 사람에게 놀림과 무시를 받고 싶지 않다. 그러나 놀림과 무시를 받는다고 해도 아무렇지도 않아. 놀림과 무시를 받아도 나는 괜찮은 사람이야. 나는 이쁘고 소중한 사람이니까! (자기 정체성 확립)

엄마: 이게 임무야. 임무가 무엇이냐 하면 일요일, 월요일 아침에 일어나서 3번씩 읽어 보는 거야. 엄마 임무를 같이 도와줄 거야. 지금 한 번 읽어 볼래? (임무 제시)

선미: 나는 내가 만나는 사람에게 놀림과 무시를 받고 싶지 않다. 그러나 놀림과 무시를 받는다고 해도 아무렇지도 않아. 놀림과 무시를 받아도 나는 괜찮은 사람이야. 나는 이쁘고 소중한 사람이니까! (자기 정체성 확립)

엄마: 이거 써 보니까 마음이 어때?

선미: 조금 괜찮아졌어.

엄마: 그리고 사실 놀림을 받아도 더 훌륭하게 된 사람이 있어. 누구처럼?

선미: 에디슨과 라이트형제. ㅋㅋ

엄마: 놀림을 받는다고 해서 다른 사람이 너에게 신경 쓰니?

선미: (자신 있게) 아니.

엄마: 엄마랑 월요일에 한 번 더 만나서 자기 진술문을 이야기하고 나서 생각이 어떻게 바뀌었는지 또 이야기 해 보자!!!

선미: 응.

☞ 지도 내용 및 소감

논박을 통해 비합리적인 사고를 고친 후 합리적인 사고를 더욱 견고하게 하려고 행동적 및 정서적인 논박 방법을 추가로 더 사용하였다. 인지적 논박보다 오히려 6학년 아동에게는 정서적 행동적 논박이 더 이해하기 쉬운 듯 느껴졌다. 첫 번째는 여론조사의 방법으로 다른 아이들은 놀림을 받을 때 어떤 느낌이 드는지 탐색하는 방법이었다. 많은 아동이 놀림을 받은 경험을 이야기하고 놀림을 받고 나서 화가 나고 우울했다는 대답을 했다. 여론조사를 하면서 경험과 느낌을 단지 조사하지 말고 놀림을 받은 후에 나는 어떻게 행동했는지를 탐색했다면, 똑같은 상황에서 반응이 다르다는 것을 유도하여 생각의 차이 때문에 행동이 다르다는 것을 다시 한번 확인시킬 기회가 됐을 것이다. 또한 '자기 언어'의 방법을 가르쳐 주고 정서적인 요법으로 합리적인 자기 진술문을 썼다. '자기 언어의 사용' 방법을 도입할 때 조금 더 충분한 설명을 하고 시작했다면 더 좋은 코칭이 되었을 것이다. 또한, 합리적 자기 진술문의 원래 계획은 상의하여 작성하기로 마음먹었으나 코칭을 하다 보니 자녀가 글 쓰는 것을 어려워하여 진술문의 내용을 부모가 주도하였다. 서로 더 시간이 걸려도 합의하여 진술문을 작성했다면 더 좋은 결과가 나왔을 것 같다. 그리고 행동적 논박에서 가장 효과적인 것은 역할 연기(Role-Play)였다. 자녀가 놀리는 사람이 되고 부모가 놀림을 받는 자녀의 입장이 되어 역할 연기를 했을 때 자녀의 이해가 빨랐다.

사회 학습이론가의 말처럼, 아동은 모방을 통해 학습한다고 하는데 부모가 대답하는 것을 보고 내 담자가 놀림을 받는 상황에서 어떻게 대처하는지 그 방법을 알게 된 듯이 보였다.

8) 생각이 바뀜에 따라 나타나는 정서적·행동적 효과를 알게 한다.

> ♣ 부모코칭을 하기 전에는 화가 자주 나고 우울해졌는데 코칭을 통해서 친구들에게 놀림을 받는 일이 아무렇지도 않고 괜찮은 일이라고 생각하게 되었다. 그리고 내가 마음먹기에 따라 우울해 지는 마음을 줄일 수 있다는 것을 자녀가 인정하였다.

엄마: 아침에 일어나서 '자기 진술문'을 읽어봤어?

선미: 응.

엄마: 앞으로 친구가 놀려도 넌 마음속으로 무슨 생각을 할 것 같아?

선미: 친구가 놀려도 난 신경을 안 쓰고 자기 할 일을 잘하고 내가 하는 일에 집중하고 친구 신경 안 쓸 거야.

엄마: 엄마도 동생도 친구도 널 놀려도 놀릴 수도 있는데 괜찮을까?

선미: 엄마가 나를 태어나게 해 주시고 열심히 키워주셨으니까 괜찮아.

엄마: 더 하고 싶은 말 있어?

선미: 엄마나 친구가 놀려도 상관 안 하고 짜증 나는 생각을 안 하고 열심히 자기 일 해보려고 내가 그런 거 신경 쓰면 나만 화나잖아.

엄마: 훌륭하네. 나중에 선미는 무엇을 하든지 성공할 거야.

선미: 윤선이랑 같이 커서 나중에 레스토랑 할 거야.

엄마: 그것도 잘 할 꺼야. 선미는!

☞ 부모의 코칭 소감

성공의 전략 중의 하나가 임무를 제시하는 것이다. 코치시간에 다룬 것과 연관된 임무로 실천 가능한 것을 내주는 것이 원칙이다. 또한, 임무 하는 이유를 자세히 설명해야 한다. 부모코치의 중요한 것은 원칙을 생각하며 자녀에게 '합리적 자기 진술문' 임무를 내주었고 '합리적 자기 진술문'을 반복해서 3번 연습해 보게 한 것(self talk)이 자녀의 생각을 변화시키는 계기가 되었다.

9) 실천적 노력의 강조

♣ 부모코칭을 통해 바뀐 자기 생각이나 행동이 내재화될 수 있도록 '자기 진술문'을 1주일 동안 거울에 붙여 놓고 하루에 3번 읽기로 하였다. (Self talk)

엄마: 앞으로 친구가 놀리면 마음속으로 무슨 이야기를 할까?

선미: 괜찮아. 참을 수 있어.

엄마: 놀려도 선미는?

선미: 괜찮아.

엄마: 그렇게 할 수 있겠어?

선미: 잘 모르겠는데 나를 위해 노력해 보려고

엄마: 그러면 1주일 동안 아침에 일어나면 자기 진술문을 몇 번씩 읽어 볼까? 1번? 2번? 3번? 4번? 5번? 거울 앞에 딱 붙여 놓고 읽어 봐야 해.

선미: 3번. ㅋㅋ

엄마: 아침에 일어나면 3번 꼭 읽고 오기다. 약속! 여기서 한번 읽어 보자. 나는 내가 만나는 사람에게 놀림과 무시를 받고 싶지 않다. 그러나 놀림과 무시를 받는다고 해도 아무렇지도 않아. 놀림과 무시를 받아도 나는 괜찮은 사람이야. 나는 이쁘고 소중한 사람이니까! (자기 정체성 확립)

☞ 부모의 코칭 소감

부모코치는 자녀를 향한 꾸준한 관심이 필요하며 행동에 대한 철저한 피드백 태도가 중요하고 질문이 중요하다는 것을 느꼈다.

10) 코칭 후기

♣ 1주일 동안 자기 진술문을 3번 읽어도 생각에 변화가 없으면 다시 엄마랑 이야기하며 다른 대안들을 찾아보고 다시 자신의 신념을 점검해 보기로 함.

엄마: 1주일 동안 연습을 하고 나서도 마음속으로 화가 올라오고 우울하다는 생각이 들면 다시 엄마한테 와서 이야기해. 엄마하고 대안들을 찾으면 돼니까. 알았지?

선미: 응.

엄마: 엄마랑 대화하면서 느낀 점 있니?

선미: "친구들이 놀려도 생각이 다르니 괜찮아. 나만 아니면 되고, 내가 생각하는 것에 따라 행동이 바뀌고 상황이 바껴."라고 생각하니까 마음이 편해졌어. 고마워 엄마!!!!!!!

☞ 부모의 코칭 소감

코칭 후 언제든지 엄마(코치)는 자녀의 이야기를 공감해주고 자녀의 관점에서 강요보다는 자녀가 생각할 수 있도록 기다려 준다고 느끼는 것이 자녀에게 심리적인 안정을 준 것 같다. 또한 '친구들이 놀려도 생각이 다르니 괜찮아.'라는 마지막 말에 부모(코치)로서의 보람을 느꼈다.

여기서 잠깐!

인지·정서·행동을 통한 부모코치를 제대로 하려면 먼저 REBT의 원리를 먼저 알고 부모코치를 하는 것이 도움이 될 것으로 보여 간단히 REBT의 중요한 원리를 이야기해 보려 합니다.

인지·정서·행동 치료(REBT)에서 주장하는 여섯 가지의 중요한 원리에는 아래의 6가지 방법이 있습니다.

1 인지는 인간 정서의 가장 중요한 핵심적 요소임을 인식하는 것입니다.

2 역기능적(왜곡된) 사고는 정서의 중요한 결정요인이다. 그러므로 다른 시각에서 사고할 수 있도록 인지기능을 **긍정적**으로 바꾸는 것입니다.

3 REBT의 기본 개념이 우리가 사고하는 것을 느끼는 것이기 때문에 REBT는 **사고의 분석**부터 시작하여야 합니다.

4 비합리적 사고와 역기능적 사고는 경험에 의한 것이므로, 환경적 영향을 포함하는 다중요소로 되어 있으므로 **다각적 사고**가 필요합니다.

5 REBT는 행동에 대한 과거의 영향보다 **현재**(here and now)에 초점을 맞춥니다.

6 비록 쉽지는 않지만, **신념은 변화한다**고 믿어야 합니다.

여기에서는 주요 개념으로 인지 수준(cognitive levels), 심리적 문제를 일으키는 주요한 요인인 부정적인 자동적 사고(automatic thoughts)와 인지적 왜곡 (cognitive distortion)이 어떻게 이루어지는지 알고자 합니다. 우리의 인지는 세 가지 수준, 즉 자동적 사고(automatic thoughts), 핵심 신념(core beliefs), 스키마('schemes)로 나뉠 수 있습니다.

1. 자동적 사고

우리의 마음속에 계속 진행되는 인지의 흐름을 이야기합니다. 또한, 자동적 사고는 상황과 정서를 중재하기도 합니다.

예를 들어 시험만 보면 낮은 점수를 맞는 진수는 시험을 볼 때마다 낮은 점수를 맞을까 봐 두려워하고 항상 엄마에게 혼나는 경험을 하게 되면 혼날 것에 대한 자동적 사고를 하게 되는 것이다. 자동적 사고는 내가 하고 싶어서 하기보다는 내가 경험한 것을 토대로 인지가 자동으로 그런 사고를 하게 만드는 것이다. 그러므로 긍정적 자아 경험은 아동의 자존감과도 깊이 연관되어 있습니다.

자동적 사고는 정서적 반응으로 이끄는 특별한 자극으로 유발된 개인화된 생각으로 노력 혹은 선택 없이 자발적으로 일어납니다. 자동적 사고는 사람들이 자신의 경험으로부터 생성한 신념과 가정을 반영합니다. 심리적 장애가 있는 사람의 자동적 사고는 흔히 왜곡돼 있거나, 극단적이거나, 부정확합니다.

● **자동적 사고의 주요한 특징**

1 자동적 사고는 구체적, 분리된 메시지입니다.
2 자동적 차고는 흔히 축약해서 언어, 이미지 또는 둘 다의 형태로 나타납니다.
3 자동적 사고는 아무리 비합리적이라 할지라도 거의 믿게 됩니다.
4 자동적 사고는 자발적인 것으로서 경험하게 됩니다.
5 자동적 사고는 흔히 당위성을 가진 말로 표현됩니다.
6 자동적 사고는 일을 극단적으로 보려는 경향성을 내포합니다.
7 자동적 사고는 개인에 따라 독특하게 나타납니다.
8 자동적 사고는 중단하기가 쉽지 않습니다
9 자동적 사고는 학습됩니다.

이렇듯 자동적 사고는 자발적으로 경험되는 것이고 당위성을 가진 말로 표현되기 때문에, 극단적인 경향성을 보이므로 부모로서 아이들에게 자동적 사고가 발생 되었을 때는 그 부분을 있는 그대로 경험한 것을 인정 (공감)해 주고 그다음 다른 시각에서 바라볼 수 있도록 도와주어야 합니다.

2. 핵심 신념

자동적 인지에 바탕이 되는 자기중심적 생각이며, 보통 자신의 중재적 신념에 반영되어 있습니다. 핵심 신념은 세계, 타인, 자신 그리고 미래에 대한 자신의 견해를 반영하게 되므로 잘못된 자동적 신념을 갖게 되면 자신의 미래에 대해 "자신은 운이 없는 사람이야", "나는 뭘 해도 되지 않아.", "내가 할 수 있는 것은 아무것도 없어." 등 부정적인 자아상을 갖게 되어 자신의 미래에 대해 기대감이 없기에 무기력해질 수 있는 경향성을 보이게 됩니다.

3. 스키마

핵심 신념을 수반하는 '정신 내의 인지 구조'로 정의됩니다. 스키마는 Moss(1992)가 명명한 '인지의 세 구성 요소(cognitive element)'인 자신, 세계, 미래를 보는 개인이 특유하고 습관적인 방식을 의미하는데, 예를 들어, 아이가 어릴 때 개를 위한 정보를 익히게 될 때 그들은 개가 네 다리로 걷고 털이 많고 꼬리가 있다는 것을 알게 됩니다. 아이가 처음 동물원에 가서 호랑이를 보면 처음에는 호랑이도 개라고 생각할 수 있습니다. 아이의 관점에서 호랑이는 개에 대한 정보에 적합합니다.

아이의 부모는 이것이 야생 동물인 호랑이라고 설명할 수 있습니다. 짖지 않고 사람의 집에 살지 않고 먹이를 사냥하기 때문에 개가 아닙니다. 호랑이와 개의 차이점을 배운 후 아이는 기존의 개 스키마(정보)를 수정하고 새로운 호랑이 스키마(정보)를 만듭니다.

아이가 자라면서 동물에 대해 더 많이 배우면 더 많은 동물 정보들이 발달할 것입니다. 동시에 개, 새, 고양이와 같은 동물에 대한 기존 스키마(정보)는 동물에 대해 배우는 새로운 정보를 수용하도록 수정됩니다. 이것은 모든 종류의 지식에 대해 성인기까지 계속되는 과정입니다.

스키마는 우리가 세상과 효율적으로 상호 작용하는 데 도움이 됩니다. 그들은 우리가 더 빨리 배우고 생각할 수 있도록 들어오는 정보를 분류하는 데 도움이 됩니다. 결과적으로 기존 스키마(정보)에 맞는 새로운 정보를 만나면 최소한의 인지 노력으로 효율적으로 이해하고 해석할 수 있습니다.

그러나 스키마는 우리가 주의를 기울이는 것과 새로운 정보를 해석하는 방법에도 영향을 미칠 수 있습니다. 기존 스키마(정보)에 맞는 새로운 정보는 개인의 관심을 끌 가능성이 큽니다. 실제로 사람들은 때때로 새로운 정보를 변경하거나 왜곡하여 기존 스키마(정보)에보다 편안하게 맞출 수 있습니다. 또한, 스키마는 우리가 기억하는 내용에 영향을 줍니다. 학자 William F. Brewer와 James C. Treyens는 1981년 연구에서 이를 입증되었습니다. 그들은 개별적으로 30명의 참가자를 방으로 데려와 그 공간이 수사관의 사무실이라고 말했습니다. 그들은 사무실에서 기다렸고 35 초 후에 다른 방으로 옮겨졌습니다. 그곳에서 그들은 방금 기다리고 있던 방에 대해 기억했던 모든 것을 나열하도록 지시받았습니다. 참가자의 방에 대한 회상은 사무실의 스키마(정보)에 맞는 개체의 경우 훨씬 더 좋았지만 그렇지 않은 개체를 기억하는 데는 덜 성공적이었습니다. 그들의 스키마(정보)에 맞지 않습니다. 예를 들어, 대부분 참가자는 사무실에 책상과 의자가 있다는 것을 기억했지만 8명만이 방에 있는 해골이나 게시판을 회상했습니다. 또한, 9명의 참가자는 실제로 책이 없는데도 사무실에서 책을 보았다고 주장했습니다. 또한, 스키마는 편견으로 이어질 수 있습니다.

우리의 스키마 중 일부는 사람들의 전체 그룹에 대한 고정 관념, 일반화된 아이디어가 될 것입니다. 우리가 고정 관념을 가지고 있는 특정 그룹의 개인을 만날 때마다 그들의 행동이 우리의 스키마에 맞을 것으로 기대할 것입니다. 이로 인해 다른 사람의 행동과 의도를 잘못 해석할 수 있습니다. 예를 들어, 우리는 웨이터가 따뜻하고 친절하기를 기대합니다. 모든 웨이터가 그렇게 행동하는 것은 아니지만, 우리의 스키마는 우리가 상호 작용하는 각 웨이터에 대한 기대치를 설정합니다.

이렇듯 우리가 가진 스키마 즉 자신만의 틀은 인간관계를 하는 데 있어 왜곡된 인지를 갖게 하기도 합니다. 자녀에게도 학생은 '공부를 잘해야만 한다.'라든가 '나의 자녀는 열심히 해야만 한다.'는 스키마 속에 우리 자녀들을 보고 있지는 않은가? 를 생각해 볼 필요가 있을 것 같습니다.

나도 모르게 '우리 아이에 대해 또는 다른 타인에 대해 인지적 왜곡을 하고 있지는 않은가?' 생각해 보는 시간을 가져보시고 자녀에 관한 생각들을 정리해 보는 시간을 가져 보시기 바랍니다.

내가 자녀에게 가진 인지적 왜곡들은 어떤 것이 있을까요?	
1	
2	
3	
4	
5	
6	
7	
8	
9	
10	

구체적으로 적어보고 인지적 왜곡은 그릇된 가정 및 잘못된 개념화로 이끄는 생각에 있어 체계적 오류임을 깨닫는 시간을 가져보십시오. 그러면 아이(자녀)를 보는 시각이 달라질 것입니다. 내가 왜곡된 상태로 자녀를 바라보게 되면 대부분이 왜곡되어서 긍정적으로 보기보다는 부정적인 상태로 자녀를 대하게 되는 자신을 발견하게 될 것입니다.

인지적 왜곡은 정보처리가 부정확하거나 비효과적일 때 나타나며 대개 비현실적인 세계관을 나타내거나 비논리적인 추론과 관련되어 있습니다. 인지적 왜곡은 별다른 노력 없이도 자발적이고 자동으로 발생하는 것처럼 보입니다. 그래서 그것은 또한 부정적 자동적 사고라고 불리기도 합니다. 자동적 사고는 순간 우리에게 떠오르는 생각이나 영상을 말합니다. 사람들에게 나타나는 다양한 인지적 왜곡들이 있는데 나는 어떤 왜곡 들을 하고 상대방(자녀)을 바라보고 대하고 있는지를 느껴 보시기 바랍니다.

💡 자의적 추론

충분하고 적절한 증거가 없는데도 결론에 도달하는 것입니다. 이러한 왜곡은 상황에 대한 비극적 결말이나 최악의 시나리오를 생각하는 것입니다. 자의적 추론의 다른 형태는 독심술(mind reading)과 부정적 예측(negative prediction)을 이야기하는데 독심술이란 타인들이 자기 자신의 마음을 읽을 수 있고 또 자기 자신이 무엇을 좋아하는지를 알아야 할 것이라는 생각입니다. 부정적 예측은 점술이라고 명명되기도 하는데 이것은 사람은 어떤 나쁜 일이 이제 막 일어날 것이라고 상상하고, 또 실제로 예측하고 그런 다음 이러한 예측을 비록 그것이 현실적이지 못 할지라도 사실로서 간주합니다. 이렇게 자의적 추론은 근거가 없는데도 예전에 일어난 경험이라든지 예측으로 인해 실제로 일어나지도 않는데 앞서 미리 걱정하는 것을 나타냅니다. **아이들이 입학할 때 자의적 추론으로 인해 힘들어**하기도 합니다.

이럴 때 우리 부모님들은 어떻게 이런 추론에서부터 벗어날 수 있도록 도와줄 수 있을까요?

1 인지는 인간 정서의 가장 중요한 핵심적 요소임을 인지하고 가르쳐 봅니다.

인지가 바뀌면 행동이 바뀝니다.
예를 들어 밤에 길을 걷고 있는데 뒤에서 누군가 쫓아 오고 있다고 생각을 하면 어떤 행동을 할까요? 무서워서 도망가겠죠? 하지만 도둑고양이가 쫓아 온다고 생각하면 어떻게 할까요?
아무 일 없는 것처럼 그냥 걸어갈 것입니다.
* 자녀가 생각(인지)**하여 얼마나 중요한 것인지에 대해 인지시킵니다.**

2 역기능적(왜곡된) 사고는 정서의 중요한 결정요인이다. 그러므로 다른 시각에서 사고할 수 있도록 인지기능을 **긍정적**으로 바꿔야 합니다.

자녀가 친구가 자신을 싫어할 것이라는 자의적 추론으로 인해 학교에 가도 재미가 없을 것이고 왕따를 당할 것이라는 왜곡을 하게 된다면 왜 친구들이 자신을 싫어할 것인지 구체적인 예시와 소크라테스식 대화법을 통해 자기 생각을 다른 시각에서 볼 수 있도록 도와야 합니다.

3 **사고의 분석**부터 시작해야 합니다.

친구들이 싫어하는 행동 패턴들과 자신의 행동 패턴들을 구체적으로 적어보고 스스로 느낄 수 있도록 도와야 합니다.

4 　비합리적 사고와 역기능적 사고는 경험에 의한 것이므로, 환경적 영향을 포함하는 다중요소로 되어있으므로 **다각적 사고**가 필요합니다.

자신이 생각하는 사고와 친구들이 생각하고 있는 것이 다를 수 있음을 인지시켜야 합니다.
사람의 성향과 성격은 다르듯 자신이 좋아하는 것과 친구들이 좋아하는 것이 다를 수 있고 자신의 가치관과 타인의 가치관이 다를 수 있음을 스스로 깨닫게 도와야 합니다

5 　행동에 대한 과거의 영향보다 **현재**(here and now)에 초점을 두어야 합니다.

지금 현재 기준으로 자녀가 친구를 사귀기 위해 무엇을 할 수 있는지에 대해 초점을 맞추고 실행계획을 짜보게 해 보십시오

6 　비록 쉽지는 않지만, 신념은 변화한다고 믿는 것입니다.

self talk 하기 스스로 '친구가 나를 좋아할 것이다.'라는 InPut을 스스로 입력시키면 뇌는 컴퓨터와 같기에 입력시키는 데로 OutPut이 나올수 있다는 것을 믿게 하려고 자신이 끌어당기는 것이 이루어졌던 경험을 떠올려 보게 합니다.

자녀의 문제

친한 친구가 전학하게 되어서 자신은 학교 가도 재미가 없을 것이고 친구도 못 사귈 것이고 아무런 희망이 없을 것이다.

흔히 자녀(청소년)들은 그냥 몇 가지 자동적 사고를 말하거나 혹은 단편적인 생각에 그치게 됩니다. 이때 부모님은 자녀의 이야기를 충분히 들어주고 다른 사고를 할 수 있도록 추가적인 질문을 해야 합니다. 추가적인 질문을 할 때는 자녀가 재촉받는다는 느낌을 받지 않도록 조심해야 합니다.

부모는 다음과 같은 질문들을 사용해 볼 수 있습니다.
"그 상황에서 어떤 다른 생각들이 들었어?", "괜찮아?", "마음속에 스치고 지나간 다른 생각들을 기억해

낼 수 있을까?" 만약 이러한 유형의 간단한 질문으로 자녀의 사고를 찾을 수 없을 때는 소크라테스식 질문을 사용해 보는 것도 좋습니다.

> 수지: 태완이가 다른 곳으로 전학하리라는 것을 들었을 때 너무 괴로웠어요. 태완이는 나의 유일한 진짜 친구인데······
>
> 엄마: 태완이가 전학간다는 것에 대해 들었던 또 다른 생각들은 없었어?
>
> 수지: 아뇨, 태완이가 정말 보고 싶을 것이라는 생각?
>
> 엄마: 엄마는 수지가 또 다른 생각을 했을지도 모른다는 생각이 드네. 태완이가 전학 간다는 말을 들었을 때 수지 마음속에 수지 자신에 대해 어떤 생각들이 떠올랐을까? 그 소식을 들었을 때 수지가 수지에 대해 어떻게 생각했었는지 알고 싶은데?
>
> 수지: (잠깐 멈춘 후) 난 친구를 잘 사귀지 못한다고요···. 난 태완이 같은 친구를 다시는 만나지 못할 거예요. 내 인생은 나아지지 않을 거예요.
>
> 엄마: 만일 그러한 생각들이 사실이라면, 수지는 어떻게 된다는 거야?
>
> 수지: 혼자라는 거지요. 나는 아무런 희망이 없다고 생각해요. 절대로 아무것도 바뀌지 않을 거예요.

☞ 자녀를 진심으로 공감해 보기

부모님은 자신이 수지와 같은 상황에 있다고 상상해 보고, 부모는 상상해 보고, 부모는 마치 자녀의 머릿속에 들어가 자녀가 생각하는 대로 생각을 해 봅시다. 이것을 통해 다양한 조건에서 흔히 나타나는 사고들을 이해하는 능력을 기를 수 있을 뿐 아니라 자녀들의 중요한 자동적 사고를 더욱 능숙하게 감지 할 수 있게 될 것입니다. 자녀가 문제를 일으키는 스트레스 원인을 아는 것은 매우 중요한 문제입니다. 자녀의 증상, 강점, 취약성을 정확히 알고 자녀의 특성에 맞추어 질문하여야 합니다. 만약 스트레스로 인해 우울 증상을 보이는 경우라면 자녀의 낮은 자존감, 환경에 대한 부정적인 관점, 절망감 등에 관련된 질문들을 던져서 자신이 과장된 자동적 사고를 하는 경향에 근거하여 질문하여 자신이 과잉 해석하고 있음을 스스로 깨달을 수 있도록 도와야 합니다.

☞ 자녀와의 역할극을 통해 자녀의 마음 알아차리기

역할극(role play)은 부모가 자녀의 인생에서 어떤 한 사람(친구, 부모, 동생 등)의 역할을 맡아서 자동적 사고를 자극하여 상호작용을 시뮬레이션해 보는 것입니다. 또한, 거꾸로 부모가 자녀의 역할을 맡고 자녀가 부모 역할을 맡을 수도 있습니다. 예를 들어 부모가 문제의 태완이를 하고 태완이 역을 수지가 해 보는 것입니다.

부모(수지): 태완이 너가 다른 곳으로 전학하리라는 것을 들었을 때 너무 괴로웠어. 태완이 너는 나의 유일한 진짜 친구인데......

수지(태완): 그랬구나. 나도 너랑 떨어지게 되어 불편해. 하지만 전학 가도 연락 자주 하고 주말에는 놀러 오면 되지 않을까?

부모(수지): 난 친구를 잘 사귀지 못하는데……. 난 태완이 같은 친구를 결코 만나지 못할 것 같다는 생각이 들어.... 내 인생은 나아지지 않을 것 같은 생각이 드는 거야. 그래서 괴로워

수지(태완): 너(수지)같이 착하고 이쁜데 왜 그런 생각을 해? 걱정하지마 너가 좋은 친구 사귈 수 있도록 내가 도와줄게. 안 생기면 어때 나하고 계속 연락할 고 지내면 되지? 어때?

부모(수지): 너가 그렇게 이야기 해주니 마음이 조금 편해졌어. 고마워!!!!!!

● 자동적 사고 점검표 통해 왜곡된 사고 찾아보기

지난 2주 동안 자신이 가졌던 부정적인 자동적 사고에 조사해 봅니다.

신념	O	X
나는 좀 더 잘해야 한다.		
상대방은 날 이해하지 못할 거야.		
나는 타인(상대방)을 실망하게 했다.		
나는 더 이상 재미있는 게 없다.		
난 왜 이렇게 약하지?		
나는 늘 일을 망친다.		
내 인생은 시시해.		
나는 그것을 감당 할 수 없다.		
나는 실패할 것이다.		
그것은 나한테 너무 심한 일이다.		
나는 장래성이 별로 없다.		
상황이 어쩔수 없어서 아무것도 할 수가 없다.		
나는 포기하고 싶다.		
분명 뭔가가 나쁜 일이 일어날 것 같다.		
나한테는 분명 잘못된 일이 있다.		

청소년분만 아니라 부모들도 극단적인 신념을 가지고 그것들을 유사하지 않은 사건들이나 장면에 부적절하게 적용하기도 합니다. 성적 피해자는 한 가지 사건에 기초한 결론을 광범위한 상황에 적용하기도 하는데 다음의 왜곡된 사고들을 들여다보며 어떻게 부모로서 도와줘야 하는지를 알 수 있을 것입니다.

왜곡된 사고 예시1

나는 한 남자에 폭행, 학대당했다. 이것은 모든 남자가 폭행한 것이고 그들을 믿을 수 없어.

왜곡된 사고 예시2

친구한테 거절당한 경험으로 모든 사람이 나를 거절할 꺼야.

왜곡된 사고 예시3

국어 시험을 망쳐서 나는 모든 시험을 망치게 되어 대학에 가기 힘들 거야.

이럴 때 우리 부모님들은 왜곡된 사고에서부터 벗어날 수 있도록 어떻게(HOW) 도와 줄 수 있을까요?

부정적인 핵심 신념들은 오래되어 온 데다 종종 부정적인 결과, 비난, 역기능적 관계, 혹은 외상에 의해 강화되어 왔기 때문에 자신의 신념이 사실이라는 것을 입증할 만한 많은 증거를 찾아낼 수 있습니다. 자신이 실패자라고 믿는 학생은 학교생활에서 부정적인 피드백을 많이 받았을 것입니다. 그래서 부정적인 결과의 예들을 많이 가지고 있습니다.

예시

우진이는 **"인정을 받으려면 완벽해야만 돼."**라는 생각을 하고 있습니다.

● 이 사고를 지지하는 증거

1 부모님은 항상 내가 하는 모든 일에 최고가 될 것을 강조함

2 남자들은 완벽해 보이는 날씬한 여자들을 원해.

3 나는 학교에서 1등을 하여 장학금을 받았을 때 내가 훌륭한 학생이라고 말했다.

4 인기가 있으려면 뛰어나야 한다. 누가 그냥 평범한 사람과 친구가 되길 바라겠어?

● 이 사고에 반하는 증거

1 비록 부모님이 높은 기준을 가지고 계시기는 하지만, 내가 완벽하지 않다고 하더라도 나를 받아
주시리라 생각한다.

2 내 친구 중에는 뚱뚱하지만 남자 친구와 좋은 관계를 맺고 있는 친구도 있다.

3 내가 아는 행복한 사람 중에는 완벽 주위에 사로잡혀 있지 않은 사람들도 많이 있다.

4 완벽하지 않은 사람들도 있는 모습 그대로 인정을 받는 것처럼 보이기도 한다. 어떤 사람들은 완
벽하지 않은 사람과 관계를 맺을 때 더 편안하게 느끼기도 한다. 사람은 완벽한 존재가 아니다.
기계가 아니므로 완벽하면 인간미가 없다고 생각 하는 사람도 있다.

● 인지적 오류 찾기(흑백논리, 과장하기, 증거 무시하기)

1 부모님은 실제 내가 일을 망치거나 목표를 달성하지 못할 때도 많은 관심과 애정을 보여주었다.
그분들은 내가 살을 빼려고 할 때 건강이 나빠질까 걱정을 했지 외모에 치중하지 않으셨다.

2 체중이나 몸매 외에도 나에겐 다른 중요한 것들이 많다. 나는 나의 다른 강점들을 인정해야 한다.

3 실제로 나는 완벽해지려고 지나치게 열심히 노력하지 않는다면 더 많은 친구를 사귈 수 있었을
것이다. 너무 높은 기준을 세우는 것은 사람들을 질리게 할 수도 있다.

● 인지적 오류를 수정하기 위한 아이디어들

1 나는 더 낳은 결과를 얻기 위해 노력할 수 있다. 그러나 완벽하지 않을 때도 여전히 나 자신을 인
정해야 한다.

2 만일 내가 목표에 도달하는 것에 관해 좀 더 현실적으로 된다면 나는 더 행복해지고 인정받는다
고 느낄 것이다.

- **내 생각을 변화시키고 좀 더 건전한 방식으로 행동하기 위해 할 수 있는 행동들**

1 어떤 면에서 나는 완벽하지 않지만, 여전히 가치 있는 사람이라는 점을 적어본다.

2 나는 의도적으로 완벽주의를 강조하지 않기 위해 노력한다. 운동할 때 일주일에 적어도 두 번 정도는 쉬거나 운동을 할 때 횟수를 세거나 기록하지 않는다. 공부할 때도 이제는 숙제하는 데 걸리는 시간을 기록하지 않는다거나 일주일에 한 번 정도는 영화를 보러 간다거나 완벽한 점수를 받을 것에서 배우는 것에 초점을 맞추고 새로 알게 된 것에 초점을 맞추어 공부의 희열을 맛보게 해 보는 것 등.

자신이 힘들어하는 사고들을 점검해 보고 다른 시각에서 생각할 수 있도록 왜곡된 사고의 증거들을 점검할 때 부모는 다루기 힘든 문제들이 있다는 사실을 인정하고 자녀가 삶에 대해서 느끼는 고통을 공감해야 합니다.

우진이의 "인정받으려면 완벽해야 한다."라는 우진이의 핵심 신념입니다. 그의 완벽주의 성향은 그를 괴롭히기도 하였으나, 때로 이러한 완벽주의적 행동 때문에 성공한 때도 있기에 이렇게 이중적인 양가감정은 흔한 일입니다.

부모는 스스로 자신이 깨닫고 느끼고 찾을 수 있도록 자녀의 힘든 부분을 충분히 들어주고 기다려 주어야 합니다.

이러한 인지적 왜곡은 개인이 불완전을 최대화하거나 좋은 점을 최소화할 때 생길 수 있습니다. 대개 사람들은 자신의 실수나 결점 또는 개인들의 재능을 바라볼 때에는 그것들을 실제보다 좀 더 큰 것처럼 보게 되는 경향이 있고, 반면에 자신의 장점이나 타인들의 문제를 대할 때에는 축소하여 사건들이 작고 멀게만 보게 됩니다. 이처럼 불완전한 점들을 극대화하고 좋은 점들을 극소화하기 때문에, 그는 결국 자신이 부적절하며 타인들보다 열등하다고 생각하고 또 우울하다고 느끼게 됩니다. 자녀들이 자신에 대해 열등하다고 느끼거나 우울해한다면 자신에 대해 지나치게 극소화하고 있지는 않은지 점검해 보시기 바랍니다.

자신은 아무것도 할 수 있는 게 없고 인생 실패자라고 믿고 있는 순희에게 0~100 척도(100은 항상 커다란 실패자라고 믿는 것) 이고 50은 중간 정도의 실패자라고 믿는 것이고, 0은 전혀 실패자라고 믿지 않는 것을 말한다고 할 때 본인 자신에 대해 평가해 보도록 해 보는 것입니다.

순희는 자신의 평가척도를 약 95점을 말하였습니다. 적어도 그녀는 자신이 항상 커다란 실패자라고 보지는 않았던 것입니다. 부모는 다음 질문들을 사용하여 자녀의 신념을 수정하도록 도왔습니다.

부모: 순희가 실패척도에서 자신을 95점으로 평가했는데 인생의 모든 면에서 완전히 엉망진창인 그러한 실패자들의 예를 들어 볼 수 있을까? 그러한 사람들은 인생 전체에서 자신이 했던 모든 일을 다 실패한 사람들일까?

순희: 글쎄요. 모든 일에서 다 실패한 사람은 생각해 내기 힘든데요.

부모: 아무런 가치가 없는 것처럼 보이는 사람들, 정말 엄청난 실패자들이 있을까?

순희: 아마 학교를 1학년도 끝마치지 못하고, 어느 정도 제대로 하지 못하면서, 언제나 거짓말을 하고, 일생을 술과 마약으로 낭비한 사람일 것 같아요. 그 사람들은 주변 사람들을 괴롭히고 학대해서 다 떠나지 않았을까요? 그런 사람들이 실패일 것 같아요.

부모: 그렇구나. 그런 사람보다 더 나쁜 사람도 있을 수 있을까?

순희: 음……. 제 생각에는 고의로 나쁜 일을 하고 실패자로 인생을 마감하는 사람일 것 같아요. 책에서 읽었는데 어떤 회사의 간부들이 자신의 야심 때문에 회사를 부실 경영하고 미친 듯이 돈을 쓰고 붙잡혔다고 하더라고요. 그 사람들은 감옥에 가는 것이 마땅하다고 생각해요.

부모: 그럼 이번에는 절대 실패하는 법이 없는 사람을 생각할 수 있을까? 인생의 모든 일을 완벽하게 잘 해내는 사람을 생각해 낼 수 있을까? 한 번도 실수를 안 하거나 실망을 한 적이 없는 사람 말이야.

순희: 내 생각에는 대통령이나 뭐 그런 사람이 아니라면 아무도 완벽하다고 할 사람은 없는 것 같은데요.

부모: 대통령과 같은 사람들 이야기를 했는데 그런 사람들의 결점이나 실패담을 이야기해 볼까?

순희: 그럼요. 그들도 다른 사람들과 마찬가지로 인간이니까요. 윈스턴 처칠에 관한 책을 읽은 것이 기억나는데, 그는 가장 위대한 지도자들 가운데 한 명이었지만, 자리에서 물러난 후에 매우 심한 우울을 겪었다고 읽었어요. 그리고 빌클린턴도 문제가 있었잖아요. 그렇지 않아요?

부모: 맞아 이제 다른 사람의 삶도 어떤지 알았겠네. 순희 너의 인생에서 얻은 모든 성공들과 어려

움을 따져 보았을 때 지금 순희가 자신을 어떻게 평가할 수 있을까?

순희: 나는 여러 번 실패경험을 했어요. 학생이 공부를 잘못하는 것은 큰 타격이죠. 저는 항상 제가 제 친구들만큼 능력이 있지 않다고 생각했어요. 하지만 잘 생각해 보면 맨 꼭대기에 있는 사람 만큼은 그렇게 형편없지는. 않은 것 같아요. 제 생각에 나는 한 60점쯤 되는 것 같아요.

부모: 그럼 순희는 자신이 얼마쯤 되었으면 좋겠어?

순희: 20점~30점 사이정도요. 제 친구들은 그쯤 될 것 같아요.

부모: 그러면 자신이 약점보다는 강점을 더 많이 가졌다고 생각되는 수준까지 자아존중감을 끌어 올 리는 것을 우리 목표로 정해보면 어떨까?

순희: 네…. 괜찮은 것 같아요.....ㅎㅎ

왜곡의 종류로 이분법적 사고가 있을 수 있는데 이러한 왜곡의 주요한 특징은 완전한 실패 아니면 대단한 성공과 같이 극단적으로 흑과 백으로 구분하려는 경향을 말합니다. 즉 흑백논리로 사고하고 해석하거나, 경험을 극단으로 범주화하는 것입니다. 이러한 이분법적인 사고를 하게 되면, 일들은 '좋은 것'이 되든지 '나쁜 것'이 된다는 것입니다. 이러한 인지는 극단에 초점이 있어서, 둘 사이의 회색 영역을 무시하는 것입니다. 이것은 자신의 실패 혹은 나쁜 측면만을 생각하게 하여 자동으로 부정적인 신념으로 이끌도록 함으로써 낮은 자존감을 불러일으키게 되는 것입니다.

1 이분법적 사고를 나타내는 주된 단어는 '누구나 ~' '누구라도 ~' 또는 '절대 ~', '전혀 ~' 등이 있는데 이 사고의 특징들을 보면, 첫째, 모든 경험을 양극단 중 하나로 평가한다는 것입니다.

예) '순결하지 않으면 더러운 것' 혹은 '착하지 않으면 사악한 것'으로 나눈다.

2 완전한 실패 아니면 대단한 성공으로 구분한다는 것입니다. 즉, 경험을 극단으로 범주화합니다.

3 지금 일어나지 않는 일이라면 앞으로도 일어나지 않으리라 생각하는 경향이 있습니다.

예) 부모가 올해 자신의 생일을 기억하지 못하면 앞으로도 계속 기억하지 못하리라 생각하는 것과 같다. 이러한 사고는 모든 일을 '좋은 것' 또는 '나쁜 것'으로 평가한다.

이 같은 인지는 평가의 중간 영역을 무시하여 극단적 사고를 유발하고 자동으로 부정적인 신념을 끌어내 낮은 자존감을 불러일으키게 되는 것입니다. 안정된 상태라면 이런 형태의 사고를 깨닫기가 쉽지만 격렬한 대인관계의 상호작용에서 이를 알아차리기는 힘듭니다.

예를 들어, 부모가 자신의 생일을 한 번 챙겨 주지 않았다고 해서 앞으로도 계속 챙겨 주지 않을 것이라는 믿음은 부모 간에 부정적인 상호작용을 하도록 하며 타협점을 발견하는 데 어렵게 만들게 되어 결과적으로 상대 부모에게 공격당한 느낌이 들게 되어 더욱더 강렬하게 방어하도록 만들고 또다시 비생산적인 논쟁에 말려들어 버리기 때문에 이분법적 사고는 매우 위험합니다.

우리는 매일 크고 작은 요청과 부탁을 받을 받고 어떻게 해야 할지 고민을 하고 선택을 하게 됩니다. 누군가의 부탁 앞에서 두 갈림길이 펼쳐지곤 합니다.

"아, 어떡하지…. 거절할까? 그냥 들어줄까?" 거절하면 사회성의 결여로 이어지는 듯하고 마냥 들어만 주며 살자니 내 몫이 아닌 짐이 버겁게 느껴지겠지요. 심리적 경계선은 과연 이렇게 이분법적 사고로 구분되는 것일까요?
 – 있었는지 없었는지도 희미한 심리적 경계선을 어떻게 복원해야 하는가?
 – 어떻게 하면 건강한 심리적 경계선을 가질 수 있는 것인가?
 – 타인과의 친밀함과 스스로 주체적 삶을 어떻게 한 바구니 안에 담을 것인가?

지금부터 함께 찾아 봅시다.

💡 건강한 심리적 경계선

예시

> 가족 간의 금전 거래가 놓여 있을 때 '빌려주느냐, 빌려주지 않느냐?'의 이분법적 사고는 크게 도움이 되지 않습니다. '어떤'으로 시작하는 새로운 질문이 필요하지요.

"어떤 상황이면 내가 빌려줄 수 있을까?"
"상황이 어떻게 변하면 내가 빌려줘서는 안 되는 걸까?"

이렇게 하면 당신의 생각은 '이분법'에서 '조건론'으로 변화하여 한층 탄력적인 사고가 가능해집니다. 조금 더 구체적으로 연습해 볼까요?

쉽게 상처받는 사람은 묵묵히 자신을 희생하는 사람입니다.
작은 일에도 쉽게 영향을 받고, 일의 성패 원인을 '자책'으로 귀결 짓게 됩니다.

'모두 내가 잘못해서 문제가 생긴 거야.'
'내가 더 잘했다면 상황이 더 좋았을 거야.'

이러한 자기비판은 자신감을 갉아먹어 해롭다는 사실을 많은 분이 알고 계실 것입니다.
끝도 없는 자책감에 빠져 있을 때, 생각의 초점을 전환하면 도움이 됩니다.
"나는 실패한 것이 아니다. 다만 쓸모없는 방법을 1만 가지나 찾아냈을 뿐이다."라는
에디슨의 유명한 명언도 바로 이 심리학적 '재구성'에 해당 합니다.

핵심은 '이해'와 '인정'입니다. 자기반성을 할 줄 아는 것은 매우 좋은 일이지만 지나치면 자신을 공격하게 됩니다. 반면 '이해'와 '인정'으로 목적을 새롭게 정의하면 새로운 가능성이 열리게 됩니다. 새로운 역량을 찾고 시행착오를 피할 방법을 배우며 조금씩 진전하는 것입니다.

외재적 변화 연습 "더는 남에게 시간을 야금야금 빼앗기지 않겠다!"
의지력만으로 변화하기는 쉽지 않습니다. 심리적 경계선이 취약한 대부분 사람은 오랫동안 복잡하게 얽힌 인간관계 속에서 갇혀 지냈기 때문입니다. 이런 경우, 스스로 자아의식은 진작에 소진되고 그 자리에는 타인의 기대와 평가만이 남아 있으니 개인의 의지만 갖추고는 어렵습니다. 특히 한 사람의 삶에서 가장 소중한 자원은 눈에 보이는 재물이 아니라 눈으로 볼 수 없는 시간입니다. 일단 한 번 내준 시간은 다시 돌려받을 수도 없으므로 허탈감이 더 크게 느껴집니다.

눈에 보이지 않는 시간을 지키려면 일주일의 시간별 활동을 대략 정리하여 눈에 보이도록 만들어 관리하는 것부터 시작해야 합니다. 시간을 눈에 보이게 하여 스스로 사용하는 시간과 타인에게 할애하는 시간을 시각적으로 확인하면 타인에게 할애하는 시간이 생각보다 많은 비율을 차지하고 있다는 사실을 깨닫게 될 것입니다. 경계선이 궁극적으로 추구하는 것은 모든 사람이 평안해지고 완벽해지는 것이 아닙니다. 필요할 때는 용감하게 나서서 단호히 거절하고 굽히지 않을 줄 아는 자세입니다.

우리는 누구나 나쁜 사람이 되기를 두려워합니다. 하지만 계속 떠안는 것이 해결책이 아님을 이제 알아야 할 때입니다. 당신의 경계선이 원칙을 갖고 묵묵하게 자리를 잡아가면 오히려 주변 사람들이 당신의 원칙을 따르게 됩니다.

정서적 추론의 잘못된 양상은 정서적 감정이 왜곡으로 보이지 않고, 현실과 진실의 반영으로 여겨지는 것입니다. 이는 사람이 정서적 경험에 근거해서 그 자신, 세계 혹은 미래에 관해서 추리하는 경우를 말합니다. 이 왜곡은 자기 자신의 정서를 사실이 실제로 그렇다고 보는 데 대한 근거로서 취하는 것과 관련되어 있습니다. 논리는 "나는 느낀다. 고로 나는 존재한다."이다. "나는 부적절 하다고 느낀다. 고로 나는 쓸모없는 사람이다."라고 추론하는 것입니다. 우리는 이렇게 정서적으로 잘못된 추론을 많이 하고 있습니다. 정신적으로 힘들어하고 고통받는 이유가 이렇게 왜곡 된 자신의 정서적 추론인지도 모르고, 말입니다. 부모들이나 자녀들 모두 왜곡된 정서적 추론들을 생각해 보며 자신의 정서적 감정을 들여다보는 시간을 갖기를 바랍니다. 또한, 자신의 긍정적 경험을 격하시켜 평가하기도 하는데 이런 경우 사람들은 긍정적인 경험을 감소시키거나 그것을 부정적인 경험으로 전환함으로써, 모순되는 증거에도 불구하고 왜곡된 신념을 유지할 수 있도록 하기도 합니다.

선택적 추론에서는, 개인은 상황의 부정적인 측면에 초점을 맞추고 긍정적인 측면을 무시한다면 긍정 격하는 긍정적인 측면들을 능동적으로 무력화시키는 것을 말합니다…. 이것은 진실로 승리의 문턱에서 패배를 자초하고 마는 어처구니없는 왜곡을 의미하기에 긍정적인 경험을 있는 그대로 느끼고 감사하는 마음을 가져야 합니다. 그렇지 않게 되면 파국화와 같은 극단적인 왜곡으로 이어집니다.

자신을 계속 파국화 시키는 사람은 재난에 대한 과장된 사고를 통해 "세상에 곧 종말"이 닥칠 것이라는 두려움 속에서 살아가도록 하는 원인이 되기도 하고 "자신은 쓸모없는 존재이기에 살 가치가 없어."

삶에 대한 의지나 동기가 없이 무기력해질 수 있기에 다음의 대처카드를 만들어 보고 자신의 걱정을 다른 시각에서 볼 수 있도록 도와주어야 합니다.

자신에 대한 부정적 견해는 어떤 잘못에 근거한 자기 명명(self-labeling) 때문에 조직화 됩니다. 잘못된 명명은 과일반화의 극단적인 형태로서 자녀가 어느 하나의 단일 사건, 종종 매우 드문 일에 기초하여 완전히 부정적으로 상상하게 만들기도 합니다. 이것은 특정한 행동이나 특성을 가진 어떤 사람을 동일화할 수 없다는 점에서 비현실인 사고를 하게 되어 자신의 오류나 불완전함에 근거해서 하나의 부정적 정체성을 창조하여 그것이 마치 진실한 자기인 것처럼 단정 짓게 만들 수 있기에 자신이 귀한 존재임을 인식할 수 있도록 도와야 합니다.

'살아야 할 이유' 대처카드 만들기

내가 살아야 할 이유

- 나의 부모님은 나를 사랑하고 내가 죽으면 상처를 받을 것이다.
- 다른 사람(태완)이 또한 나를 사랑한다.
- 내가 우울하지 않을 때는 삶에서 즐기는 것들이 있다.
- 나는 그림을 잘 그리는 능력이 있다.
- 나의 부모님은 나에게 좋은 사람이 될 것이라고 말했다.
-
-
-
-
-
-
-
-
-
-
-

나 자신의 비합리적인 신념은 무엇인지?

내 아이에 대한 비합리적 신념은 어떤 것이 있는지?

탐색해 보는 시간을 가져보시기 바랍니다.

비합리적 사고 예시

1. 나랑 같이 놀아 주지 않으면 친구들이 다 자신을 싫어한다는 생각.

2. 자신이 가치 있는 사람이려면 모든 측면에서 철저하게 능력이 있고, 적절하고, 성취적 이어야 한 다는 생각. 그래야 사랑을 받을 수 있다는 생각.

3. 어떤 사람은 절대적으로 나쁘고 사악해서 그러한 사악함 때문에 가혹하게 비난받고 처벌받아야 한다는 생각.

4. 일이 자기가 원하는 대로 되지 않을 때 이것은 끔찍하고 파국적이라는 생각.

5. 인간의 불행은 외적인 사건에서 비롯되었고 사람들은 자신의 슬픔과 장애를 통제할 능력이 없 다는 생각.

6. 위험하거나 두려운 일이 있으면 그 일에 대해 몹시 걱정하고 그 일이 일어날 가능성을 계속해서 가져야 한다는 생각.

7. 인생의 어려움이나 자기-책임감을 직면하기보다는 피하기가 훨씬 쉽다는 생각.

8. 사람은 다른 사람에게 의지해야 하고 의지할만한 자신보다 강한 누군가가 있어야 한다는 생각 그렇지 않으면 외롭고 불쌍하다는 생각.

9. 자신의 과거사가 현재 행동의 중요한 결정요인이며 일어났던 중요한 일이 자신의 인생에 영향 을 미쳤던 것처럼 그것이 또한 유사한 영향을 미치리라는 생각.

10. 타인의 문제나 장애로 인해 자신이 몹시 당황하거나 속상해야 한다는 생각.

11. 문제의 완전한 해결책이 항상 있고 만약 이러한 완전한 해결책을 찾지 못하면 파국이라는 생각.

그렇다면 나의 **비합리적 신념**은 어떤 것이 있을까?

💡 비합리적 신념 찾기 (나는 어떨 때 화가 나는지?)

1 내가 화날 때: 자녀가 내 뜻대로 하지 않았을 때

내가 자녀에게 공부하라고 했는데 자녀의 반응이 없거나 표정이 안 좋을 때 자녀가 나를 무시하나? 내가 무엇을 잘 못 했나? 나한테는 말하기 싫은가? 공부하기 싫은가? 하는 생각이 들어서 화가 난다.

잘못된 신념:

자녀는 부모의 말을 잘 들어야만 한다(그것이 부모에 대한 예의이다).

학생은 공부를 열심히 해야만 한다(그렇지 않으면 성실한 학생이 아니다).

부모가 하는 말을 잘 들어야 부모의 권위가 선다(그렇지 않으면 부모를 무시하는 것이다).

2 내가 화날 때 : 집안이 정리(청소)가 안 되어있을 때

집안 정리가 되어있지 않으면 도대체 집안일이 우선인지 바깥일이 우선인지? 집안 정리도 못 하면서 무슨 밖에 일을 잘할 수 있는지?

잘못된 신념:

집안일을 잘 못 하면 밖에 일도 잘 못 한다(밖에 일하는 사람은 집안 정리도 잘해야만 한다.).

주변 정리를 못 하는 사람은 능력이 없는 사람이다(청소(주변 정리)도 못 하면서 자녀를 잘 키울 수 없다.)

그렇다면 자녀의 비합리적 신념은 어떤 것이 있을까?

예) 학교에서 자기소개를 잘 못 한 일

A : 자기소개를 잘하지 못한 일

B : 1. 자기소개를 잘하고 싶다.

2. 재미있게 자기소개를 해야만 한다.

3. 나는 친구들에게 인정받아야만 한다.

C : 실패감. 자괴감, 위축 행동

B에 대한 논박

> B : 1. 자기소개를 잘하고 싶다.
>
>   2. 재미있게 자기소개를 해야만 한다.
>
>   3. 나는 친구들에게 인정받아야만 한다.

의 비합리적 신념을 부모로서 어떻게 코칭해야 하는가?

> 내가 자기소개할 때 아무도 웃지 않았다. → 웃어야지만 자기소개를 잘하는 것인가?
>
> "다들 지루해하는구나!" → 반 학생들 모두 지루해했는지? 듣는 사람은 없었는지?
>
> "나를 썰렁한 사람으로 생각하겠지?" → 썰렁한 사람으로 생각하면 뭐가 문제인지?
>
> "내겐 전혀 관심들이 없는 거야. → 모든 사람이 자신에게 관심 있어야 하는지?

다른 각도에서 생각할 수 있도록 자녀의 **사고력**을 키울 수 있는 **질문**을 해야 합니다.

04

출발 진로를
찾아서

심리검사를 통해
내 아이에게
맞는 옷 입히기

▌ 자기 탐색

진로 코치를 하기 위해서는 먼저 다양한 심리도구를 통해 자기 탐색을 해야 합니다.

심리검사란 자신의 현재 상태와 욕구를 파악하여 어느 방향으로 목표를 설정할지를 분명하게 정하는데 도움을 줍니다. 개인의 현재 상태와 욕구가 어떤 것인지 정확하게 모르는 청소년들이 너무 많이 있습니다. 흥미검사, 적성검사, 성격검사, 가치관검사 등의 심리검사 도구들은 청소년들의 장점 및 약점들뿐만 아니라 자신의 재능 등을 알 수 있는 도구들입니다.

💡 흥미검사(Holland)

자신의 진로를 잘 발견하기 위해서는 우선 자신이 흥미를 느끼고 있는 분야들이 무엇인지 알고 탐구해 나가는 과정이 필요합니다. 흥미는 자신의 관심사 속에서도 찾을 수 있고 다양한 과목을 공부하면서도 찾을 수 있고 일상생활 속에서도 찾을 수 있습니다…. 개인이 가진 여러 가지 흥미들을 구체화하고 정리하는 과정을 통해 어떤 직업이 자신의 흥미와 부합할지 판단할 수 있다. 흥미검사는 흥미를 통한 진로 설정에 도움을 줄 수 있는 도구들 가운데 하나입니다.

흥미검사란 일정 사물이나 활동에 대하여 개인이 느끼고 있는 주관적이고 지속적인 쾌감의 정도와 관련지어, 그가 그 사물 또는 활동을 선택적으로 좋아하거나 싫어하는 정도를 측정하기 위하여 만들어진 검사를 말하는데 흥미검사에는 학생들이 가지고 있는 여러 가지 교과에 대한 흥미의 상대적 수준을 비교하기 위하여 만들어진 학습 흥미검사, 각종 직업 활동에 필요한 흥미의 소유 정도를 재는 직업 흥미 검사, 그리고 일상생활의 제반 대상으로 활동에 대한 흥미를 적당한 유목으로 분류해서 재는 일반 흥미검사 등이 있습니다. 직업 흥미검사로는 홀랜드의 직업 흥미 이론을 기반으로 제작된 홀랜드 검사가 대표적으로 사용되는데 이 검사는 직업을 실재형, 탐구형, 예술형, 사회형, 기업형, 관습형 등의 6가지로 분류하였으며 검사지에 6가지 유형에 대한 응답을 기록하여 점수가 높게 나온 진로 유형을 기준으로 전공학과와 직업군을 추천해주는 검사입니다.

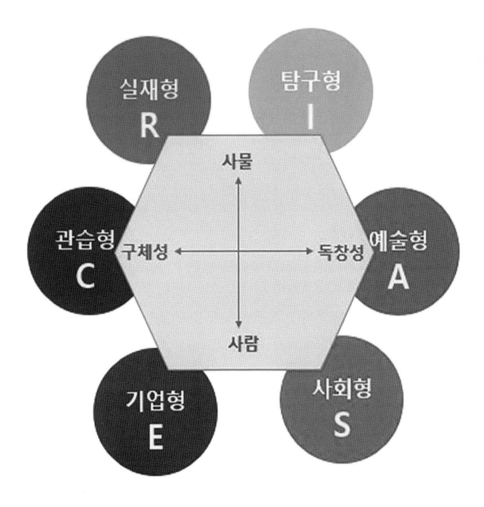

이 6가지 영역 중 자신이 높게 나온 2~3가지 코드를 갖고 자신의 직업군에게 맞는 선호직업군을 선택하면 도움이 됩니다.

현실형: 주로 기계나 도구 이런 것을 사용하여 체계적으로 조작해 가는 조작 기술자, 운동, 기계적인 능력(건축업자, 경찰관, 공학자, 운동선수)

탐구형: 분석적이고 호기심 많은 굉장히 조직적이고 정확하다. 고학력자, 관찰, 탐구, 분석(과학교사, 의사, 심리학자, 약사)

예술형: 창의적이고 비순응 적이고 아이디어나 재료를 통해서 자신을 표현하는 새로운 방법을 많이 개발하는 예술가, 예술, 직관적(국어교사, 배우, 실내장식가, 작가, 조각가)

사회형: 다른 사람과 함께 일하는 것을 좋아하거나 다른 사람을 돕는 것을 좋아하는 상담사, 사회복지사, 사람, 교육, 훈련(간호사, 상담교사, 보육교사, 진로상담가)

진취형: 기업형 조직의 목표 또는 경제적 목표, 이런 것을 달성하기 위해서 다른 사람들을 잘 조작해내는 그런 활동을 즐기는 사람 진취형: 기업형 조직의 목표 또는 경제적 목표, 이런 것을 달성하기 위해서 다른 사람들을 잘 조작해내는 그런 활동을 즐기는 사람, 지도력, 경영(TV 아나운서, 광고대행업자, 변호사, 여행사직원)

관습형: 체계적인 줄이 딱 짜여 있는 것에서 반복적으로 정확하게 꼼꼼하게 일 처리 경리사원, 경영 능력, 세밀함(공인회계사, 비서, 사무관리자, 은행원)

육각형의 모양은 흥미의 방향, 육각형의 크기, 작거나 하는 정도는 흥미의 정도를 말합니다.

육각형이 크고 정육각형이면 관심의 폭이 가장 넓은 것을 의미합니다.

육각형이 작고 정육각형이면 특정 분야에 관심이 없다. 즉 자기 이해가 부족하다고 볼 수 있습니다.

→ 과거에 무엇을 좋아했던가 또는 무엇을 잘했던가, 무엇을 잘할 수 있었던 가를 떠올리다 보면 사고의 폭을 넓어 질 수 있습니다.

육각형이 큰데 어떤 특정한 영역으로 찌그러져 있다면 점수가 가장 높은 육각형의 꼭지점 그것이 바로 가장 관심이 많은 분야로 흥미가 아주 잘 발달하여 있는 경우로 볼 수 있습니다. 육각형이 작고 찌그러져 있다면. 흥미 발달이 잘되어 있지 않으면서 경험 능력이 적은 것으로 볼 수 있습니다.

💡 적성검사

　일정한 훈련으로 숙달될 수 있는 개인의 능력을 말합니다. 그리고 적성검사란 교육이나 훈련을 받기 전에 잠재적으로 소유하고 있는 능력 검사의 일종으로 특정 분야의 교육 훈련 또는 직업과 관련되는 활동을 성공적으로 수행하는데 필요한 특수능력의 소유 정도를 측정하기 위해 설계된 검사를 말합니다.

　각 적성 요인을 총괄적으로 측정하여 어떤 직무에 적합한가를 알아보는 일반 적성검사와 각 적성 요인을 분리해서 개인이 어떤 특정 직무를 수행하는데 필요한 소요 능력을 갖추고 있는지를 측정하는 특수 적성검사로 나뉘는데 적성검사는 교육 효과를 높이고 생산성을 올리기 위한 자료로써 각 개인의 능력이나 인격 특성에 알맞은 지도와 조언을 하기 위한 자료로 사용되기도 합니다..

● 적성 요인과 하위검사 유형

1 언어력(15분)으로 되어있고 어휘력과 문장 독해력을 평가합니다.

　– 어휘력: 동의어, 다의어, 단어 뜻 파악, 동음이의어 뜻 파악

　– 문장 독해력: 지문을 주고 지문의 내용 이해 여부를 파악하는 것입니다.

2 수리력(15분)으로 계산능력과 자료 해석력을 평가하는 것입니다.

　– 계산능력: 기본적인 계산원리에 대한 이해 및 활용 능숙도 파악

　– 자료 해석력: 다양한 형태로 제시되는 자료 이해 여부를 파악하는 것입니다.

3 추리력(15분)으로 언어 추리, 수열 추리, 도형 추리를 파악하는 것입니다.

　– 언어 추리: 여러 진술문을 주고 그 진술문 간의 관계 파악

　– 수열 추리: 네트워크망을 이용한 숫자 간의 관계성 파악

　– 도형 추리: 도형 간의 관계성 파악

4 공간지각력(18분)으로 되어있고 회전능력, 조각 맞추기, 위치파악, 모양지각, 그림 맞추기 여부를 파악하는 것입니다.

　– 회전능력: 평면회전 및 숫자세기를 이용해 공간상에서 사물의 형태를 정확히 지각하는 능력을 파악합니다.

　– 조각 맞추기: 도형 일부가 잘린 모양을 보고 어떤 모양과 맞추었을 때 완전한 모양이 되는지를 파악하는 것입니다.

　– 위치 찾기: 지도나 약도를 이용하여 실생활 속에서의 위치 감각, 방향 감가, 거리 감각을 파악하는 것입니다.

- 모양지각: 도형 일부를 제시하고 그 동형이 복잡한 그림 속에 들어 있는지를 보는 것입니다.
- 그림 맞추기: 하나의 그림을 여러 조각으로 잘게 무선적으로 배열하고 어떻게 배열해야 올바른 그림이 되는지 파악하는 것입니다.

5 사물지각력(3분)으로 지각속도(1), 와 지각속도(2)로 지각 부분을 파악합니다.

- 지각속도(1): 숫자, 한글로 구성된 무의미 철자들, 도형 등을 위아래로 나열하고 제시된 정보가 다른지 같은지를 파악하는 것입니다.
- 지각속도(2): 제시된 문장 내에 포함된 자음이나 숫자의 개수를 파악하는 것입니다.

6 상황판단(5분)은 일상생활 혹은 직무 상황에서 생길 수 있는 상황에 대한 대처능력을 파악하는 것입니다.

7 기계 능력(5분)은 기계와 관련된 내용뿐 아니라 기계 능력의 기초가 되는 지식을 파악하는 것입니다.

8 집중력[5분]은 글자를 방해 자극으로 주고 주어진 색깔과 도형을 집중해서 정확하게 맞히는 능력을 측정하는 것입니다.

9 색채지각력(6분)은 색 구별, 색감각, 색혼합을 파악합니다.

- 색구별: 색의 차이를 구별할 수 있는 능력을 말합니다.
- 색감각: 색이 주는 일반적 느낌을 얼마나 올바르게 직각 하는지 파악하는 것입니다.
- 색혼합: 두 가지 색을 감산 혼합했을 때 유추할 수 있는 능력을 파악하는 것입니다.

10 사고 유창성(6분)은 용도 찾기와 상황연상을 파악하는 것입니다.

- 용도 찾기: 단어형태로 제시된 사물이 어떠한 용도, 상황, 직업 등에서 사용될 수 있는지를 연상하는 능력파악 하는 것입니다.
- 상황연상: 뜻밖의 상황을 제시한 후 그 상황이 발생된 이유나 그다음에 일어날 상황을 연상하는 능력파악 하는 것입니다.

11 문제해결력(4분)은 기호 쓰기와 선 긋기 능력을 파악합니다.

- 기호 쓰기: 일정한 간격으로 주어진 기호를 써 가는 능력파악 하는 것입니다.
- 선 긋기: 주어진 번호 순서대로 선 그어가는 능력파악 하는 것입니다.

1. 적성요인별 점수

수준	최상	중상	중상	상	상	최상	상	중상	중상	최상	중상
변환점수	120	109	103	118	112	124	115	111	110	125	106
백분위	90	71	61	90	79	95	84	76	78	95	70

적성요인	언어력	수리력	추리력	공간 지각력	사물 지각력	상황 판단력	기계능력	집중력	색체 지각력	사고 유창력	문제 해결능력

이 그래프는 각 능력요인에서 일반 사람들과 비교해서 어느 수준에 있는지를 알려주는 그래프입니다. 100점의 위치가 일반 사람들의 평균을 나타내므로 각 능력요인에서 당신의 점수가 100점보다 위에 있으면 다른 사람들보다 그 능력이 우수한 것이고, 100점 아래에 있으면 다른 사람들보다 그 능력이 낮다는 것을 의미합니다.

120점 이상	최상의 위치로서 당신의 능력은 상위 10% 이내에 속합니다.
119-112점	상의 위치로서 당신의 능력은 상위 10-20% 사이에 속합니다.
111-100점	중상의 위치로서 당신의 능력은 상위 20-50% 사이에 속합니다.
99-88점	중하의 위치로서 당신의 능력은 하위 20%-50%에 속합니다.
87-81점	하의 위치로서 당신의 능력은 하위 10-20% 사이에 속합니다.
80점 이하	최하의 위치로서 당신의 능력은 하위 10% 이내에 속합니다.

* 언어력, 상황 판단력, 사고 유창성이 높게 나옴.

2. 나의 적성특성에 적합한 직업

추천 순위	직업	세부 직업	중요적성 요인
1	약사 및 한약사	약사 및 한약사	수리력/추리력/언어력/문제해결능력
2	중등교사	중등교사	언어력/문제해결능력/수리력
3	인문·사회연구자 및 교수	대학교수, 인문과학 연구원, 사회과학 연구원	언어력/문제해결능력/사고유창력
4	유치원·초등교사	초등학교 교사, 유치원 교사	사고유창력/언어력/집중력/색채지각력
5	회계·세무·감정평가 전문가	회계사, 세무사, 관세사, 감정평가사, 감정사(예술품·보석·식품)	수리력/추리력/언어력

여기서 잠깐

이 검사를 측정한 것은 본인의 능력, 즉 자신이 가장 잘하는 능력이 무엇인지를 탐색하는 도구입니다. 따라서 자신이 하고 싶은 직업과는 차이가 있을 수 있습니다. 여기서 제시한 직업들은 본인의 능력을 발휘하기에 적합한 직업을 추천한 것입니다. 또한, 다른 중요한 정보들과 같이 탐색하는 것이 좋습니다. 한 가지 적성으로만 자신의 직업군을 선택한다면 오류를 범할 수 있기에 정말로 자신이 원하는 직업인지? 정말로 이 직업을 하고 싶은지를 깊이 탐색하여야 합니다. 적성보다 중요한 것이 보이는 성격적 특성이 중요하기에 자신의 성격적 장단점을 잘 이해하고 진로나 방향을 정하면 도움이 됩니다.

💡 성격검사

어떤 사람을 독특한 개인으로 존재하게 하는 신체적 · 정신적 · 정서적 · 사회적 특성을 모두 포함하는 총체적 개념을 이야기합니다. 인간은 단 한 사람도 같은 사람은 없지만, 한 개인에게 초점을 맞추어 보면 그 사람의 행동 방식에는 일관성이 있고, 또 안정된 경향이 있습니다. 이처럼 개인에게 특유한 행동 방식을 규정하고 있는 힘을 '성격'이라고 부릅니다. 이러한 성격을 표준화 또는 비표준화된 척도 및 방법 등으로 알아보는 것이 성격검사입니다. 개인의 성격을 알아보기 위해 사용되는 검사로 다양한 성격검사가 있는데 이 책에서는. MBTI, TCI 이 두 가지의 예시를 들어보고자 합니다.

1. MBTI

　마이어스-브릭스 유형 지표(Myers-Briggs Type Indicator)(이하 MBTI)는 카를 융의 심리 유형론을 근거로 일상생활에 유용하게 활용될 수 있도록 고안된 자기 보고식 성격유형 지표라고 할 수 있는데 카를 융은 인간의 행동이 겉으로는 종잡을 수 없고 복잡해 보여도 실제로는 질서정연하고 일관된 경향이 있다고 보았으며 또 인간 행동의 다양성은 개인이 인식하고 판단하는 특성이 다른 데서 발생하는 것이라 보았다. 캐서린 쿡 브릭스와 이사벨 브릭스 마이어스가 카를 융의 이론을 더욱 쉽고 일상생활에 활용할 수 있도록 고안한 성격검사가 바로 MBTI이다. MBTI는 에너지의 방향, 인식기능, 판단 기능, 생활양식의 네 가지 척도로 성격을 표시하며 각각의 척도는 두 가지 극이 되는 성격으로 이루어져 있다. 에너지의 방향은 외향(Extroversion)과 내향(Introversion)으로 나뉘며 인식기능은 감각(Sensing)과 직관(Intuition)으로 나뉜다. 판단기준은 사고(Thinking)와 감정(Feeling)으로 나뉘며 생활양식은 판단(Judging)과 인식(Perceiving)으로 나뉜다. MBTI 성격유형은 각 척도의 두 가지 성격 중 검사자의 성향에 가까운 유형을 하나씩 선택하여 각 유형의 알파벳 한 글자씩을 따서 네 글자로 표시합니다.

2. TCI

　TCI는 The Temperament and Character Inventory의 약자로 우리말로는 기질 및 성격검사라 하며 미국 워싱턴대학교 교수인 C. R. Cloninger의 심리 생물학적 인성모델에 기초하여 개발된 검사로 한 개인의 기질 및 성격을 측정하기 위한 검사입니다. TCI 검사는 기질을 측정하는 4개의 척도와 성격을 측정하는 3개의 척도를 포함한 7개의 척도로 이루어져 있습니다.

　TCI 검사에서 기질은 자극에 대해 자동으로 일어나는 정서적 반응을 성향을 의미합니다. 기질은 유전적으로 타고난 것으로 평생 비교적 안정적인 속성을 보입니다. 성격은 기질을 바탕으로 환경과의 상호작용 속에서 생기는 것으로 개인의 가치관과 자기 이해와 동일시 등을 포함하는 자기개념의 개인차로 인해 발생하는 것입니다. 성격은 사회문화적 학습의 영향을 통해 평생 지속해서 발달합니다. 성격은 기질에 의한 자동적인 정서 반응을 조절할 수 있게 합니다. 따라서 개인의 기질적 반응특성은 얼마든지 조절되어 표현될 수 있다. TCI에서는 자극추구, 위험회피, 사회적 민감성, 인내력의 네 가지 기질 차원과 자율성, 연대감, 자기 초월의 세 가지 성격 차원을 측정합니다.

- **TCI에서 사용되는 7가지 척도들의 구성과 내용**

`1` 자극추구 (Novelty Seeking)

새로운 자극이나 잠재적인 보상 단어를 접했을 때 자극에 끌리면서 행동이 활성화되는 유전적 경향성을 측정하기 위한 척도로 하위 척도는 탐색적 흥분/관습적 안정성, 충동성/심사숙고, 무절제/절제, 자유분방/질서정연의 4개의 척도로 구성되어 있습니다. 이 척도가 높은 사람들은 충동적이고, 주변을 활발히 탐색하며, 마음이 쉽게 변하고, 쉽게 흥분하고, 성질이 급하며, 씀씀이가 헤프고, 화를 잘 내는 모습을 보이고 낮은 사람들은 심사숙고하고, 경직되고 융통성이 없으며, 우직스럽고, 태연자약하고 금욕적이며, 성미가 느리고, 검소하고 절약하며, 절제하는 모습을 보입니다.

`2` 위험회피 (Harm Avoidance)

위험하거나 혐오스러운 자극을 접했을 때 행동이 억제되는 위축되는 유전적 경향성을 측정하기 위한 척도이며 하위 척도는 예기불안/낙천성, 불확실성에 대한 두려움, 낯선 사람에 대한 수줍음, 쉽게 지침/활기 넘침의 4개의 척도로 구성되어 있습니다. 이 척도가 높은 사람들은 조심성이 많고, 미리 염려하고 걱정하고, 쉽게 지치고, 억제되어 있고, 비관적이고, 두려움이 많고, 수줍어하는 모습을 보이며 낮은 사람들은 자신감 있고, 걱정 근심이 없고, 정력적이고 활력이 넘치고, 거리낌이 없고, 낙관적이고, 위험을 무릅쓰고, 사교적인 모습을 보입니다.

`3` 사회적 민감성 (Social Sensitivity)

사회적 애착을 이루기 위해 사회적 보상 신호에 민감하게 반응하는 유전적 경향성을 측정하기 위한 척도이며 하위 척도는 정서적 감수성, 정서적 개방성, 친밀감/거리두기, 의존/독립의 4개의 척도로 구성되어 있습니다.
이 척도가 높은 사람들은 동정심이 많고, 따뜻하고, 감수성이 예민하고, 감정이 쉽게 변하고, 의존적인 모습을 보이며 낮은 사람들은 감정에 쉽게 영향을 안 받고, 정서적으로 차가우며, 둔감하고 실용적이며, 혼자 지내고, 독립적인 모습을 보입니다.

4 인내력 (Persistence)

지속적인 강화가 없더라도 한 번 보상된 행동을 일정 시간 동안 꾸준히 지속하려는 유전적 경향성을 측정하기 위한 척도로 하위 척도는 근면, 끈기, 성취에 대한 야망, 완벽주의의 4개의 척도로 이루어져 있습니다. 이 척도가 높은 사람들은 부지런하고, 끈기 있고, 성공을 위해 많은 희생을 하고, 완벽주의자적인 모습을 보이며 낮은 사람들은 게으르고, 의지가 약하고, 능력보다 더 적게 성취하고, 실용주의자적인 모습을 보입니다.

5 자율성

자율적 개인으로서의 자기개념을 측정하기 위한 척도로 하위 척도는 책임감/책임전가, 목적의식, 유능감/무능감, 자기수용/자기 불만, 자기일지의 5개의 척도로 구성되어 있습니다. 이 척도가 높은 사람들은 책임감 있고, 목적의식이 있고, 자원이 풍부하고, 자기를 수용하고, 잘 훈련된 모습을 보이며 낮은 사람들은 책임을 전가하고, 목적의식이 없고, 무능하고, 공허하고, 훈련이 안된 모습을 보입니다.

6 연대감

자신을 인류 혹은 사회의 통합적 한 부분으로 이해하고 동일시하는 정도를 측정하는 척도로 하위 척도는 공감/둔감, 이타성/이기성, 관대함/복수심, 공평/편파의 5개의 척도로 이루어져 있습니다. 이 척도가 높은 사람들은 마음이 부드럽고, 공감적이고, 도움을 주고 싶어 하며, 자비심이 많고, 원칙적이고 공정한 모습을 보이고 낮은 사람들은 너그럽지 못하며, 민감하지 못하고, 적대적이고, 기회주의적인 모습을 보입니다.

7 자기 초월

자신을 우주의 통합적 한 부분으로 이해하고 동일시하는 정도를 측정하는 척도로 하위 척도는 창조적 자기망각/자의식, 우주 만물과의 일체감, 영성 수용/합리적 유물론의 3개의 척도로 구성되어 있습니다. 이 척도가 높은 사람은 자기를 잊고, 묵묵히 따르며, 영적이고, 밝게 열려있으며, 이상주의적인 모습을 보이며 낮은 사람들은 상상력이 부족하고, 통제적이고, 유물론적이고, 관습적인 모습을 보입니다. 각 척도에 따른 특징들은 하위 척도들의 개별점수에 따라 정도가 다르며 한 척도 안에서도 다양한 유형의 검사해석이 나올 수 있습니다

● TCI 결과 예시

성격 결과에 따르면 기질(천성) + 성격(양육)

TCI-RS	척도	원점수	T점수	백분위	30　백분위 그래프　70		
기질	자극 추구(NS)	22	44	27	27	NS	
	위험 회피(HA)	78	91	100		HA	100
	사회적민감성(RD)	43	51	50		RD	
	인내력(P)	28	35	4	▓▓▓	P	
성격	자율성(SD)	12	13	0	▓▓▓	SD	
	연대감(C)	60	55	65		C 65	
	자기초월(ST)	8	34	4	▓▓▓	ST	
	자율성+연대감	72	29	1			

표 상단 제목: TCI-RS 프로파일

- T점수는 원점수를 평균 50, 표준편차 10인 점수로 변환한 표준 점수임.
- 백분위 점수가 30 이하이면 해당 척도의 특성이 낮은 것을, 70 이상이면 해당 척도의 특성이 높은 것을 의미함.

● TCI 결과 해석

자극추구(충동성)는 새로운 자극과 보상 신호에 대한 반응으로 행동이 활성화되는 경향성을 의미합니다. 자극추구가 높은 사람은 탐색적이고 호기심이 많고 화를 잘 내고 성질이 급하고 쉽게 흥분을 잘하는 사람이고 낮은 사람은 익숙한 것을 좋아하는 관습적인 사람이고 융통성이 없고 성미가 느린 사람입니다. 위험회피(불안)는 처벌(위험) 신호나 보상 부재 신호에 대한 반응으로 행동이 억제되는 경향성을 의미합니다. 위험회피가 높은 사람은 위험하거나 혐오스러운 자극에 접하면 행동이 억제되고 위축되는 유전적 경향성이 있고 처벌이나 위험이 예상될 때 이를 회피하기 위해 행동이 억제되며 이전에 하던 행동을 중단하는 성향이어서 쉽게 지치고 두려움이 많고 수줍어하고 미리 걱정하고 조심성이 많다고 볼 수 있습니다.

사회적 민감성(친밀감) 따뜻한 사회적 애착에 대한 의존성 사회적 보상 신호와 타인의 감정에 대한 민감성을 의미합니다. 사회적 애착을 이루기 위해 사회적 보상 신호에 민감하게 반응하는 유전적 경향성을 의미한다. 마음이 열려있고 따뜻하고 감수성이 예민하고 감정이 쉽게 변하고 동정심이 많은 성격으로 쉽게 상처받을 수 있습니다. 인내력은 보상 부재 간헐적 강화에도 불구하고 한 번 강화된 행동을 지속하는 경향성을 의미합니다. 지속적인 강화가 없더라도 한 번 보상된 행동을 일정한 시간 동안 꾸준히 지속하려는 유전적인 경향성을 의미합니다…. 그런데 인내력이 30점 이하로 자기 기준대로 행동하는 경향이 있어 타인의 기준에 맞추어 지속해서 무엇인가를 해나가는데 어려움을 호소할 것으로 보입니다. 성격(양육) 변화의 대상 부분에서 자율성(자기수용)과 자기 초월(자기) 부분에서의 점수에서 각각 30점 이하의 낮은 점수를 나타낸 것으로 보아 자율성은 자율적인 자기개념 개인과 환경과의 관계, 개인의 행동을 상황에 맞게 조절하기 위하여 통제, 조절 적응시키는 능력 즉 자기를 수용하지 못하고 자신을 원망하고 믿지 않고 목적의식이 없고 무능하고 공허하고 자기 불만이 많고 자기에 대해 불만족스러움을 나타낼 것으로 보입니다. 하지만 연대감(타인수용)은 65점으로 그래도 높은 점수를 나타낸 것으로 보아 마음이 부드럽고 공감을 잘하고 남을 도와주고 싶어 하는 마음과 자비심이 많이 있고 원칙적인 성향을 가진 것으로 해석할 수 있습니다.

💡 가치관검사

  인간이 자기를 포함한 세계나 그 속의 어떤 대상에 대하여 가지는 평가의 근본적 태도나 관점(觀點)을 의미합니다. 즉, 가치관이란 쉽게 말하여 옳은 것, 바람직한 것, 해야 할 것 또는 하지 말아야 할 것 등에 관한 일반적인 생각을 말합니다. 가치관의 개념에는 개인적 가치관과 사회적 가치관이 있습니다. 개인적 가치관은 개인의 선호 의지에 따라 명백해지는 데 반하여 사회적 가치관은 개인적 가치관이 더욱 추상화될 수 있는 더욱 범위가 넓고 안정적이며 공식성(公式性)을 지닌 전체 사회 문화의 공약(公約)을 의미합니다. 가치관검사들은 주로 특정 단어들을 선택하여 우선순위와 점수를 매겨 어떠한 가치들을 중요하게 생각하며 어떤 가치를 가장 우선시하는지 확인하는 방식으로 이루어지게 됩니다. 예를 들면 가치 매트릭스 척도는 가치단어목록에서 자신이 중요하다고 생각하는 가치 10가지를 선택하여 각각의 가치들을 모두 일대일로 비교하여 더 중요하다고 생각하는 가치 하나를 선택하여 기록한 뒤 해당 가치들이 선택된 개수를 세어 어떤 가치가 자신에게 더 중요한지 우선순위를 매기는 방식으로 진행되는 가치관 척도입니다. 다음은 가치 매트릭스 척도의 가치단어목록과 검사예시입니다.

> ☞ 내가 중요시하는 가치관 10을 가로줄에 적고 가로줄에 적은 것을 똑같이 세로줄에도 적고, 가로세로를 비교해 가며 내가 더 중요시하는 것을 칸에 적으면 됩니다. 예를 들어 가로에 재미와 세로의 재미가 적혀 있으므로 그 부분은 검은색으로 되어있고 가로줄에 두 번째 가치 돈과 세로줄에 첫 번째 가치 재미와 둘 중 어느 것이 더 중요한지를 선택해 나가는 것입니다. 가로줄에 돈과 세로줄에 재미 중 '돈'이 더 중요하다고 선택했으므로 첫 번째 칸에 '돈'이라고 적으면 됩니다… 두 번째 가로줄에 있는 성취감과 재미를 비교하여 어느 것이 더 중요한지를 선택하고 세로줄은 '재미'를 선택했으므로 '재미'를 적어가면 됩니다. 그렇게 다 작성한 후에 선택한 총수를 세로줄에 적고 우선순위를 매기면 됩니다.

가치 단어

목표지향적	민첩함	이해심	열심	감성적	주도적	공정성	낭만
리더쉽	유연함	사랑	낙천적	개방적	적극적	용기	적응력
책임감	성실	친절	우호적	정확함	생명력	자비	헌신
꼼꼼함	정직	끈기	포용력	융통성	전문성	의리	명확함
자신감	도전적	호기심	윤리적	생동감	따뜻함	겸손	지혜
밝음	열정적	대처능력	솔직함	카리스마	검소함	분석	진보적
전통적	명석함	유머러스	인정	모범적	긍정적	이해력	소박함
명랑함	독립정신	자주적	소신	탁월함	탐구심	재치	가능성
쾌활함	분별력	우아함	결단력	창의적	인내심	순발력	추진력
섬세함	논리적	화합	집념	설득력	신중함	부드러움	여유로움
친화력	평정함	순수함	사려깊음	강인함	생산성	진취적	충성심
완벽함	부지런함	희망적	열린사고	평화	조화로움	건강	절제
정의로움	집중력	균형	승부욕	의지력	박력	현실적	신뢰
통찰력	화사함	착함	배려심	사교적	예술적	감각적	협력

가치 매트릭스

	재미	돈	성취감	융통성	창의력	행복감	여가&여유	결단력	성실함	의사소통	합계	순위
재미		돈	재미	재미	창의력	행복감	재미	재미	재미	의사	10	
돈	돈		돈	돈	돈	행복감	돈	돈	돈	의사	14	3
성취감	재미	돈		성취감	창의력	행복감	여가	성취감	성취감	의사	6	
융통성	재미	돈	성취감		창의력	행복감	여가	융통성	융통성	의사	4	
창의력	창의력	돈	창의력	창의력		행복감	여가	창의력	창의력	의사	10	
행복감	행복감	행복감	행복감	행복감	행복감		행복감	행복감	행복감	의사	16	2
여가&여유	재미	돈	여가	여가	여가	행복감		여가	여가	의사	10	
결단력	재미	돈	성취감	융통성	창의력	행복감	여가		성실함	의사	0	
성실함	재미	돈	성취감	융통성	창의력	행복감	여가	성실함		의사	2	
의사소통	의사소통	의사소통	의사소통	의사소통	의사소통	의사소통	의사소통	의사소통	의사소통		18	1

💡 다면적 인성검사(MMPI-A)

감정이나 기분을 확인하는 검사로 문장 완성 검사, 주제 통각 검사, MMPI 등이 있으며, 우울증이나 주의력 결핍 과잉 행동 장애 따위를 판정하기 위해 사용합니다.

MMPI는 1940년대 미국 미네소타 대학의 심리학자인 Stark Hathaway와 정신과 의사인 John Mckinley에 의하여 만들어진 검사로 원래는 비정상적인 행동을 객관적으로 측정하기 위한 수단으로 만들어졌으며 현재는 개인의 인성 특징의 비정상적 혹은 징후를 평가하여 상담 및 정신치료에 이바지하고 비정상정이고 불건전한 방향으로 진전될 가능성을 미리 찾아내어 예방 및 지도책을 도모하기 위한 검사로 활용되고 있습니다. MMPI 검사지에는 심리상태, 성격 등을 설명하는 여러 개의 문항이 주어져 있으며 피검사자는 현재의 상태를 기준으로 '그렇다' 또는 '아니다'로 답을 할 수 있습니다. 현재는 차별적으로 여겨질 수 있거나 시대성이 맞지 않는 문장들을 개정하고 재표준화하여 개정된 검사지가 사용되고 있으며 성인을 대상으로 하는 MMPI-2는 567문항, 청소년을 대상으로 하는 MMPI-A는 478문항으로 이루어져 있다. MMPI-A는 주로 14세에서 18세 사이의 청소년들에게 권장되며 만약 18세이더라고 대학생이거나 일찍 독립생활을 한 청소년이라면 MMPI-2가 권장됩니다.

MMPI의 결과 척도는 3개의 타당도 척도와 10개의 임상 척도로 이루어져 있습니다. 타당도 척도는 모범적 검사수행 여부, 방어적 태도, 과장된 증상의 표현, 비협조적·저항적 태도 등을 나타내는 척도이며 임상 척도는 우울증, 히스테리, 반사회성, 편집증, 내향성 등 정신병리나 심리적 성향의 정도를 나타냅니다.

1   Hs (hypochondriasis, 건강염려증)

만성적인 경향이 있는 모호나 여러 신체 증상을 나타내는 척도입니다. 점수가 높을수록 수많은 신체적인 불평에 압도되어 있으며 기쁨이 빠져 있어 의존적이고 불평이 많으며 자기애적이고 자기중심적이며 다른 사람에게 자신의 요구를 강요하고 그들의 행동을 조종하기 위해 자신의 불평하는 경향을 나타냅니다… 낮은 점수의 사람들은 비교적 일상생활에서 효율적일 가능성이 크며 책임감이 있으며 기민하고 적절한 판단력을 가지고 있으며 낙관적인 경향을 나타내지만, 점수가 지나치게 낮으면 신체가 드러나는 것에 대해 열등감을 느끼거나 신체에서 어떤 일이 발생하는지 주의를 두지 않는 등 신체에 대해 무관심한 모습을 보입니다.

2   D (Depression, 우울증)

자신과 주변 환경에 대해 느끼는 것, 비관과 슬픔의 정도를 나타내며 신경증적 혹은 대인성 우울증보다는 반응성 혹은 외인성 우울증에 중점을 주고 측정한다. 점수가 높을수록 불안이 높으며 걱정이 많고 자기 존중감이 낮은 경향을 보입니다. 이 척도에 대한 높은 점수는 그 당시의 일반적 인생관이 비관적임을 나타내줍니다. 또 과민하고, 의욕이 없고, 낙담하고, 걱정이 많고, 죄의식을 잘 느끼고 피로감을 자주 느끼고 자기 확신이 없는 모습 등이 나타냅니다. 낮은 점수에서는 자기 확신적이고 사회적으로 사교적이고 열정적인 모습이 나타나지만, 점수가 너무 낮으면 우울감의 부정이 나타날 수 있습니다.

3 HY (Hysteria, 히스테리)

사회적 불안의 부인, 애정 욕구, 권태- 무기력, 신체 증상 호소, 공격성의 억제 등을 나타내는 척도이다. 점수가 높을수록 억압과 부인을 많이 사용하고 어린아이처럼 자기중심적이고 신체적 걱정과 관련된 불안이 있을 수 있습니다. 인정욕구가 높아 책임이 요구되는 상황에서 열광적이나 곧 요구에 분개하고 수동적으로 저항하며 불평하는 경향이 나타난다. 적당하게 높은 점수에서는 표면적으로 긍정적으로 낙관적인 모습을 보이고 성취 지향적이고 사교적이고 사회적으로 관여되어 있는 모습이 나타납니다. 낮은 검수에서는 인생이 어렵다고 느끼며 억압과 부정이 매우 감소하며 흥미 범위가 협소하고 냉소적이며 신랄하고 염세적인 경향을 보인다. 정서적으로 둔감하며 재치가 부족한 모습이 나타나기도 합니다..

4 Pd (Psychopathic Deviate, 반사회성)

가정불화, 권위 불화, 사회적 침착성, 사회적 소외, 내적 소외 등을 나타내는 척도입니다. 높은 점수에서는 반항적이고 화가 나 있는 모습이 보이며 사회적 가치를 내면화하기 힘들며 저항성, 충동성이 강합니다. 참을성이 낮고 만족 지연에 어려움을 보이며 타인의 욕구나 감정에 무감각하며 피상적일 수 있습니다…. 적당히 높은 점수는 외향적, 모험적, 확신감이 있음을 의미합니다. 자기중심적인 모습이 있으며 피상적이다. 좌절을 겪으면 공격, 사회적 부적응을 보일 수 있습니다. 낮은 점수에서는 관습적, 보수적으로 안정되어 있으며 수동적이고 비주장적인 경향을 보입니다. 독창성과 자발성이 없고 도덕적이고 낮은 욕구 수준을 보입니다. 자신의 행동에 관한 책임을 받아들이기 두려워하는 경향이 있습니다.

5 Mf (Masculinity-Feminity, 남성특성-여성특성)

직업 및 취미에 관한 관심, 심미적 및 종교적 취향, 능동성과 수동성, 대인 감수성 등의 내용으로 구성된 척도입니다. 남성이 이 점수가 높으면 광범위한 취미를 즐기며 참을성이 많고 복잡하고 통찰력이 높은 경향을 보입니다. 예민하고 호기심이 많고 자신과 타인을 잘 이해하여 비행을 범할 가능성이 작을 수 있습니다. 낮은 점수일 경우 전통적인 남성성의 형태를 보이며 모험적이며 생각보다 행동이 앞서 공격적 충동성을 해소하는 데 어려움이 있는 모습을 보일 수 있습니다.

관심 범위가 좁고 융통성이 적으며 감정을 다루는 것에도 서툰 모습을 보일 수 있습니다.

점수가 지나치게 낮으면 남성적으로 보이는 것에 대한 강박증 역시 가지고 있을 가능성이 큽니다. 여성이 이 점수가 높으면 자기 주장적이며 경쟁적이며 독립적이고 자유분방한 모습을 보입니다. 능동적이며 자신감 있고 외향적인 경향이 있습니다. 낮은 점수의 경우 수동적, 복종적이며 유순하고 자기비하적인 모습이 나타날 수 있습니다. 자주 자기연민과 죄책감에 시달리며 헌신, 양보, 의존적 특성을 가질 수 있습니다. 하지만 교육수준이 높은 여성들의 경우 여성적 역할에 대하여 균형 잡힌 견해를 갖고 있음을 의미하기도 합니다.

6 Pa (Paranoia, 편집증)

피해의식, 예민성, 순진성 등을 나타내는 척도입니다. 점수가 높을수록 의심이 많고 쉽게 상처받고 다른 사람들의 감정에 민감한 모습을 보입니다. 자신의 생각에 대한 비평을 자신에 대한 공격으로 간주하는 경향이 있을 수 있습니다. 다소 자기 보호적이며 대인관계에서 불신적인 모습을 보인다. 적대적이고 논쟁적이며 여성의 경우 슬프고 불안하고 감정의 변화가 많은 모습도 보일 수 있습니다. 점수가 낮으면 관심 범위가 협소하고 자기와 직접 관련된 일이 아니면 관심을 두지 않으며, 통찰이 부족하고 융통성이 부족한 모습을 보입니다. 타인의 동기에 무감각하고 쉽게 믿는 경향을 보입니다. 하지만 지나치게 점수가 낮을 경우는 자신의 사고과정을 감추려는 경향으로 높은 점수와 유사한 양상을 보인다고 해석할 수도 있습니다. 일반적인 사람일 경우 유능하고, 균형적이고 관습적이고 현명한 모습을 보입니다.

7 Pt (Psychathenia: 강박증)

오랫동안 지속하여 온 만성적인 불안, 특성 불안에서 나타나는 스트레스 상황 등을 측정하기 위한 척도입니다. 강박적인 행동 이외에도 비정상적 공포, 자기비판, 자신감의 저하, 주의집중 곤란, 과도한 예민성, 우유부단 및 죄책감 등도 측정합니다. 불안을 잘 나타내는 유일한 지표이기도 합니다. 점수가 높을수록 심리적 혼란 감, 침투적 사고, 집중의 어려움, 강박 증상, 공포 등이 강하게 나타납니다. 낮은 점수에서는 보통 완화되어 있고 편안한 모습을 보이며 정서적 고통이 적을 수 있습니다. 지나치게 낮은 점수에서는 정상적인 불안을 느끼지 못하고 타인의 감정에 둔감할 가능성이 있습니다.

8 Sc (Schizophrenia, 조현병)

다양한 사고, 감정, 행동 등의 장애를 측정하기 위한 척도이며 정신적인 혼란이 반영됩니다. 여러 요인에 의해 상승할 수 있는 척도로 단독 해석하기 가장 어려운 척도입니다. 점수가 높을수록 특이한 신념을 가지고 있으며 별난 행동을 하며 타인으로부터의 고립을 느낄 수 있습니다. 점수가 지나치게 높을 경우 심각한 정체성 위기나 급성 상황 스트레스, 정신적 혼란 등을 보이기도 합니다. 낮은 점수에서는 실제적이고 관습적이고 보수적인 모습을 보인다. 순응적이며 책임감과 상상력이 부족하고 의존적인 모습을 보이기도 합니다. 지나치게 점수가 낮으면 타인에 대한 공감 능력이 없어 타인과 깊은 정서 교류가 어려울 수 있습니다.

9 Ma (Hypomania, 경조증)

비도덕성, 심신 운동 항진, 냉정함, 자아팽창 등을 나타내는 척도입니다. 점수가 높을수록 정력적이고 높은 정력으로 무엇인가를 하지 않고는 견디지 못하는 경향을 보일 수 있습니다. 매우 높은 점수에서는 목적 없는 과도한 활동, 과대망상, 혼란, 사고 비약 등의 조증 증상을 보이며 높은 점수에서는 과잉 활동적이고 정서적으로 흥분된 모습을 보일 수 있습니다. 보통 수준으로 높은 점수에서는 효율적으로 보이는 정력적인 모습을 보이며 사고와 활동이 다소 독립적인 모습도 보인다. 낮은 점수에서는 생기가 없고 무관심한 모습을 보이기도 합니다. 자기 확신이 부족하며 목표의식이 감소하기도 합니다.

10 Si (Social Introversion, 내향성)

수줍음/자의식, 사회적 회피, 내적/외적 소외 등을 나타내는 척도이며 혼자 있는 것을 좋아하는지 아니면 다른 사람들과 있는 것을 좋아하는지 측정하는 척도입니다. 점수가 높을수록 다른 사람과 있는 것보다 혼자 있는 것을 더 선호한다는 것을 보여주며 수동적이고 복종적인 모습을 보이기도 합니다. 조심스럽고 우유부단하며 관계에서 냉담한 경향이 있다. 점수가 낮을수록 다른 사람과 함께 있는 것을 선호하며 우호적, 집단적, 열정적인 모습을 보이지만 대인관계에서 의존적이고 진솔한 친밀감이 빠져 있을 가능성도 있습니다. 지나치게 낮은 점수에서는 사회적 공격성이 높고 충동 조절문제가 나타날 수 있습니다.

MMPI 검사를 올바로 해석하기 위해서는 피검사자의 수검 태도와 일반적인 적응수준을 먼저 파악하여야 합니다. 피검사자의 정신 병리적 증상, 주요 욕구, 타인과 환경에 대한 지각, 스트레스에 대한 반응방식, 자기개념, 성적 정체성, 대인관계 등 증상 행동과 방어양식을 기술하여 피검사자의 특성을 파악하면 보다 전략적으로 검사결과를 해석할 수 있습니다.

● **MMPI-A 결과 예시**

[MMPI-A (Minnesota Multiphasic Personality Inventory)]

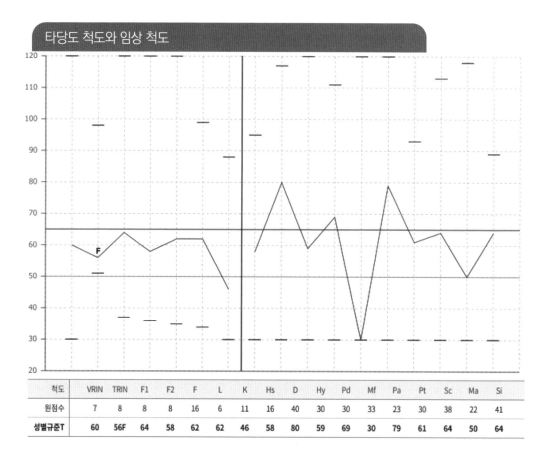

타당도 척도와 임상 척도

척도	VRIN	TRIN	F1	F2	F	L	K	Hs	D	Hy	Pd	Mf	Pa	Pt	Sc	Ma	Si
원점수	7	8	8	8	16	6	11	16	40	30	30	33	23	30	38	22	41
성별규준T	60	56F	64	58	62	62	46	58	80	59	69	30	79	61	64	50	64

내용 척도

척도	A-anx	A-obs	A-dep	A-hea	A-aln	A-biz	A-ang	A-cyn	A-con	A-lse	A-las	A-sod	A-fam	A-sch	A-trt
원점수	17	10	17	13	14	6	5	13	5	11	13	12	12	9	9
성별규준T	71	53	64	55	73	57	40	57	43	61	78	54	55	56	49

성격병리 5요인 척도와 보충 척도

척도	A-anx	A-obs	A-dep	A-hea	A-aln	A-biz	A-ang	A-cyn	A-con	A-lse	A-las	A-sod	A-fam	A-sch	A-trt
원점수	17	10	17	13	14	6	5	13	5	11	13	12	12	9	9
성별규준T	71	53	64	55	73	57	40	57	43	61	78	54	55	56	49

● MMPI-A 결과 해석

2번 척도 중 임상 소 척도 D1 주관적 우울감이 높은 것은 불행하고 우울하게 느끼며 일상생활의 문제에 대처하는 에너지가 부족하고, 주변 일들에 대한 흥미가 없어졌다고 호소한다. 내담자는 열등감을 느끼고, 자신감이 빠져 있고, 사회적 상황을 불편해하는 것으로 보일 수 있습니다.

일상생활의 문제들을 대처하는 에너지가 부족하고, 주의집중이나 기억의 어려움을 느끼며 삶에서 아무런 즐거움을 얻지 못한다고 호소할 수 있습니다. 또한, 생활 상황이나 정서적, 대인관계 어려움을 가지고 있으면서도 스스로 좋게 보이려고 naively하게 노력하고, 인생이 무가치하다고 생각할 수 있습니다. 깊은 근심에 삐지며, 잘 울고, 같은 생각을 반추하며, 자신의 사고과정에 대해 통제력을 잃은 것처럼 느낄 수 있습니다.

내용소청도 중 A-anx (불안)의 높은 점수는 긴장, 잦은 걱정, 수면장애를 포함한 많은 불안 증상을 보고할 수 있습니다. 집중이 어렵고 혼란스러워하며 삶이 피로하고 정신을 놓치지 않을까 염려합니다. 불안, 우울, 사회적 철수, 신체적 호소 등 증상 및 일반적 부적응과 관련이 높습니다. A-aln(소외) 놓은 점수는 타인과 상당한 정서적 거리를 느끼며 부당한 취급을 받고 산다고 느끼며 부모를 포함하여 누구도 자신을 이해하지 못한다고 느낄 수 있습니다. 자기 공개를 어색해하며 동정심을 믿지 않고 타인을 방해요인으로 여길 수 있습니다. A-las(낮은 포부) 높은 점수는 성공에 무관심하고 기대하지 않으며 무사태평해도 될 만한 일을 선호합니다. 신문 사설보다는 연재만화를 선호하고 하던 일이 잘못되면 쉽게 포기해 버리며, 문제해결을 타인에게 미룰 수 있습니다.

● 성격 병리 5 요인척도

INTR(내향성/낮은 긍정적 중서성)=69 기쁨이나 즐거움을 경험할 수 있는 능력이 거의 없고 내향적, 낮은 성취 욕구, 슬픔, 우울, 신체 증상, 불안, 비관적인 모습 보이며, 매사에 정서 반응이 거의 없을 수 있습니다.

또한 R(억압)=68 신중하고 조심스러운 생활양식을 택하는 사람들로 내향적이고 내현화 하는 사람으로 친구들과 힘든 상황을 스스로 억압하며 힘들지 않고 견딜 수 있다고 자신을 방어한 것으로 보입니다.

💡 다중지능검사

유아기는 두뇌의 발달이 활발한 시기이므로 외적 환경을 유아의 욕구와 필요에 적합하게 조성해 준다면 유아의 인지기능뿐만 아니라 정서적 측면의 발달에 긍정적인 영향을 줄 수 있다는 것입니다. 따라서 다중지능검사를 통해 유아의 강점과 약점을 조기에 파악하여 유아의 강점은 강화하고 약점을 보완할 수 있는 보다 효율적인 방안을 마련하는 데 검사의 목적이 있습니다. 검사의 하위영역은 타당도, 음악 지능, 신체 운동지능, 논리수학 지능, 공간지능, 언어지능, 대인관계 지능, 개인 이해지능, 자연탐구지능으로 이루어져 있습니다.

● 다중지능의 영역

1 음악적 지능
- 생각하는 바를 음악을 통해 표현하는 능력
- 음악을 감상하고 이해하는 능력
- 음악을 틀어놓거나 입에서 흥얼거리거나 몸을 흔들면서 일하기를 좋아함
- 소리와 리듬에 대해 예민한 감각이 있음

예) 작곡가, 가수, 댄서, 음악 선생님 등.

2 신체 운동지능
- 몸동작을 통해 아이디어나 감정을 표현할 수 있는 능력
- 생각보다는 실제 행동을 통해서 더 효율적으로 문제해결의 답을 구함

– 능숙한 솜씨로 어떤 물건을 만들어 내는 능력이 있음

예) 배우, 운동선수, 조각가, 체육 선생님 등

3 논리, 수학 지능

– 사물이나 개념을 논리적으로 사고하는 능력

– 숫자를 효과적으로 사용할 수 있는 능력

– 사건의 발생이나 원리에 관심이 많음

– 비판적이고 창의적으로 문제를 인식하고 해결함

예) 의사, 법조인, 회계사, 컴퓨터 프로그래머 등

4 공간지능

– 아이디어를 머릿속에서 입체적, 시각적으로 이해하고 구성하며 실제로 표현하는 능력

– 장소에 대한 이미지를 잘 기억함

– 공간적 세계의 이해가 빠름

– 색상, 면, 선. 모양간의 관계를 잘 이해하고 이용함

예) 건축가, 영화감독, 디자이너, 화장 전문가 등

5 언어지능

– 표현하고자 하는 생각을 말이나 글로 효과적으로 의사소통하는 능력

– 새로운 단어나 어휘, 외국어를 쉽게 숙지함

– 읽기, 말하기, 쓰기, 등을 좋아함

– 단어를 효과적으로 사용함

예) 기자, PD, 외교관, 개그맨, 사서 등

6 대인관계 지능

– 사람의 감정이나 생각 등을 잘 파악하고 이에 적절하게 대응하고 원만한 인간관계를 유지하는 능력

예) 간호사, 정치가, 승무원, 교사 등

7 개인이해지능

- 개인 자신을 성찰하고 그에 따라 행동하는 능력

- 모든 직업에 기본이 되는 능력

- 자기존중 욕구가 강함

- 남들과 다른 개성을 추구하는 경향이 있는 이해 지능

예) 심리학자, 성직자, 철학자 등

8 자연탐구지능

- 동물, 식물 등의 생태 관계를 이해하고 체계적으로 분류하는 능력

- 동물이나 식물을 좋아하고 실제로 키우는 능력이 뛰어남

- 자연계의 자원을 이용하는 지식과 능력이 뛰어남

예) 수의사, 약사, 동물조련사, 생물 선생님, 지구과학 선생님 등

앞의 6가지 심리검사에 대해 알았다면 본인(청소년)스스로 자신이 좋와하는 것이 무엇인지(흥미)를 찾고 잘하는 것(적성)을 탐색하는 시간을 갖자!

활동

자기이해
심리검사를 통해 자기 이해 요소들을 탐색하며 앞으로 어떻게 발전시켜 나갈 수 있는지를 정리해 보자!

자기이해 정리	자신의 특성 (검사결과)	적합한 직업 적합한 특성	앞으로 나는 (극복OR 경험,계획)
직업흥미			
성격유형			
직업가치			
적성과 강점			
흥미와 적성의 공통점			

앞의 6가지 심리검사들을 종합하여 내 아이에게 맞는 옷(진로)을 입혀(찾아)주자.

우울한 아이를 위한
코칭 지도

부모 지도 기술과
부모코칭 적용

▎엄마 나 우울해요!

　부모들은 아이들에게 이런 말을 들으면 가슴이 꽉 막힌다. 어떻게 아이를 대해야 하나? 두 가지 부류의 부모들이 있다.

첫 번째는 내가 무슨 문제가 있어서 애가 우울한가? 내가 양육을 잘못했나?

두 번째는 도대체 너가 우울한 이유가 뭐가 있다고 우울하냐?

　　　내가 공부를 하라고 했냐? 돈이 없냐?

　　　너가 해 달라고 한 것은 다 해 줬는데 도대체 너가 왜 우울하냐?

　　　우울하려면 엄마가 우울하지!

　이렇게 본인 탓을 하는 부모와 이유를 전혀 감지 못하는 부모 두 부류로 나뉜다.

　우울증은 아동과 청소년들에게 매우 흔한 문제이다. 언제부턴가 초등고학년부터 중고등학교에 이르기까지 팔과 다리에 자해하는 행위들이 유행처럼 번지며 자신을 힘들을 표현하기도 하고 인터넷 SNS를 통해 우울한 사람들의 모임을 하고 같이 공유하며 좀 더 강하고 쎈 자해 방법들을 공유하고 같이 실행하는 무서운 일들이 벌어지고 있다. 그러므로 아동과 청소년의 우울증 징후와 증상들을 인식하는 것은 효과적으로 우울증 아동과 청소년을 치료하는 일에 중요하다고 할 수 있다.

　인지 치료는 우울한 아동과 청소년들을 치료하는데 효과적인 치료 접근법이다. 경험적으로 검증된 인지 기법들을 발달단계에 맞추어 적절한 방식으로 적용함으로써 아동과 청소년들의 우울 증상을 완화하는 데 도움을 줄 수 있다. 우울한 아동(청소년)들은 자신들이 비합리적 신념과 미래에 대한 부정적 사고패턴과 자신에 대한 부정적 사고들로 인해 파국적 사고패턴을 유지한다. 또한, 피드백에 대한 반응의 왜곡으로 사

고패턴들이 극단적으로 가기 때문에 무엇보다 위험하다. 그러므로 이런 비합리적 신념과 미래에 대한 부정적 패턴들 파국적 사고와 피드백에 대한 왜곡된 반응들을 정확하고 합리적인 방식의 정보 처리를 할 수 있도록 돕는 것이 부모 코지 자의 역할이다.

또한, 우울한 아동(청소년)을 위한 부모코치 기법(CBT:Cognitive-behavior therapy; 이하 CBT로 표기함)은 무엇보다 중요하다고 할 수 있다

인지행동 모델

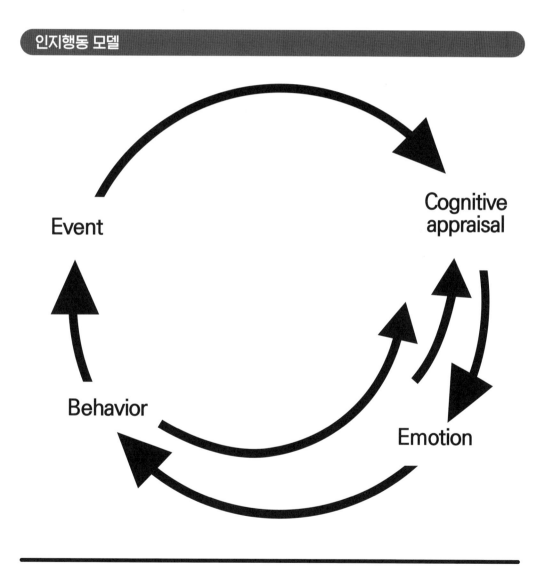

Figure 1-2. Basic cognitive behavioral model.

개인은 끊임없이 주변 환경과 자신에게서 일어나는 사건들(예, 스트레스, 우울한 감정, 타인의 피드백, 신체적 감각)을 감정적 반응으로 평가하여 행동하기 때문에 인지, 감정, 행동에 초점을 맞춘 CBT 모델은 다양한 기법들을 사용할 수 있기에 매우 중요하다.

나의 우울 척도는?

번호	질문	그렇지 않다 (4점)	가끔 그렇다 (3점)	자주 그렇다 (2점)	항상 그렇다 (1점)
1	나는 기운이 없고 우울하다.				
2	나는 하루 중 아침에 기분이 가장 좋다.				
3	나는 눈물을 쏟거나 울고 싶어진다.				
4	나는 밤에 잠을 잘 못잔다.				
5	나는 평상시처럼 잘 먹는다.				
6	나는 여전히 성관계를 즐긴다.				
7	나는 체중이 줄고 있음을 느낀다.				
8	심장이 전보다 빨리 뛴다.				
9	나는 별다른 이유 없이 피곤해진다.				
10	나의 정신을 전과 같이 맑다.				
11	나는 예전처럼 일들을 쉽게 처리한다.				
12	나는 안절부절 못해서 진정할 수가 없다.				
13	나는 미래를 희망적이라고 생각한다.				
14	나는 평소보다 신경이 더 날카롭다.				
15	나는 결정을 내리는데 별 어려움이 없다.				
16	나는 결정을 내리는데 별 어려움이 없다.				
17	나는 쓸모가 있고 필요한 사람이라고 느낀다.				
18	나의 삶은 매우 충만해 있다.				
19	내가 죽어야 남들이 더 잘 될 것이다.				
20	나는 예전에 하던 일들을 여전히 즐긴다.				

해석 총점은 80점
50점 미만: 정상
60점 미만: 경증의 우울증
70점 미만: 중증도와 우울증
80점 미만: 중증의 우울증

나 또는 아동(청소년)이 우울증 점수가 높게 나왔다면 부모로서 간과해서는 **절대!** 안 된다.

아동(청소년이 우울증 증상이 있으면 부정적 인지로 생활을 해서 자신, 타인, 경험 및 미래에 대한 부정적 견해로 나쁜 결과를 초래하게 된다. 또한, 자신의 책임을 과대평가하고 쉽게 짜증을 내고 주의집중을 할 수 없게 된다. 그래서 자신들의 힘들어하는 것을 말로 표현하기 어려워한다 말로 표현을 못 하고 문제행동을 보이거나 신체적 문제를 호소하게 되므로 또래 친구들과 위축뿐만 아니라 부모와의 갈등을 초래하기도 한다.

낮은 자존감, 부정적 신체상, 지나친 자의식, 부적절한 대처는 우울한 아동(청소년)들에게 공통으로 나타나는 현상들이다. 그래서 우울감을 느껴도 부모에게 도움을 청할 가능성이 적고 더욱 심한 고립에 빠질 수 있으므로 부모들은 자녀에 대해 세심한 관찰과 **공감, 따뜻함, 진실함**이 필요하다.

● 인지행동 관점에서 적절한 공감이란?

부모가 자녀의 위치에서 자녀가 느끼고 생각하는 것을 이해하는 한편, 문제를 일으킬 수 있는 왜곡, 비논리적 추론, 부적응적 행동을 구별할 수 있는 객관성을 유지할 수 있는 능력을 말한다.

부모들은 자녀의 잘못된 행동을 보면 잔소리부터 한다. 공감한다고 하면서 자녀를 깊이 이해하기보다는 감정이 앞서 객관성을 유지하기 힘들어한다.

그렇다면 어떻게 하면 객관성을 유지하며 자녀를 우울에서 벗어날 수 있는 코칭을 할 수 있을까?

코칭 프로세스를 중심으로 코칭 해 보도록 하자.

● 우울한 아동(청소년)을 위한 코칭 기능

사례1

항목	내용	코치역할
G(목표설정)	자가 우울 검사를 통해 자녀의 우울감 지수를 확인	검사 확인
R(현황, 현상)	1. 재미있는 일이 하나도 없다 2. 아무것도 하고 싶지 않다. (공부해야 하는데 부담감이 너무 크다.) 3. 왜 사는지 모르겠다. (미래에 대한 불안감)	공감
O(대안)	현재 성적에 대해 만족도를 높이고, 대학에 대해 열정을 가지고 진행하며 장기적으로 내가 되고 싶은 것을 상상하고 앞으로의 가능성에 초점을 맞추어 공부해야 하는 것은 알겠지만 할 자신이 없다.	기다림
W(의지)	할 일에 대한 부담감과 내신 성적향상에 대한 부담을 구체적 계획을 짜서 실행해 나가면서 미래를 멋진 모습을 그리며 노력해야겠다. 잘할 수 있을지 모르겠다.	진실한 격려

1 경청 기술

항목	점수					비고
	1	2	3	4	5	
1. 들으면서 자녀의 맥락으로 들어갔는가?			●			지원자
2. 이해할 작정을 하고 듣는가?	●					
3. '판단자'로 듣는가? '지원자'로 듣는가?			●			

항목	점수					비고
	1	2	3	4	5	
1.자녀가 자유롭게 자신의 의견을 표현할 수 있도록 질문하는가?			●			원인 위주
2. 원인파악보다는 해결책 발견에 집중하는 질문을 하는가?	●					
3. 시점 혹은 관점을 전환할 수 있는 질문을 하는가?			●			
4. 질문의 결과가 Benefit인가?	●					

☞ **부모의 경청능력 총평**

문제에 대한 원인을 파악하려는 접근 의지가 강하다 보니 자녀의 관점에서 들어야 하는데 무기력한 자녀의 이야기를 들으며 답답함이 먼저 들어 공감을 제대로 하지 못한 것 같다. 또한, 자녀의 이야기를 들으며 기다려 주어야 하는데 조급함이 앞서 우울함에 대한 관점의 변화는 하지 못한 아쉬움이 있다.

그렇다면 어떻게 우울증을 극복할 수 있도록 코칭을 해야 할까?

● **소크라테스식 질문하기**

소크라테스식이 주요 목표 중 하나는 내담자의 호기심을 자극하여 자신과 세계에 대한 부적응적인 관점에서 좀 더 유연하고 적극적인 인지 방식으로 변화할 수 있도록 하는 것이다.

다음은 소크라테스식 질문들을 실행해 보도록 해 보자!

1 사례 개념화를 구성하여 질문의 방향을 정한다.

> 자녀의 상황파악/ 대인관계 문제/ 강점/ 전형적인 자동적 사고, 정서, 행동들에 대한 가설을 설정하고 앞으로 어떻게 코칭해 나갈지에 대한 방향을 정한다.

2 질문을 통해 청소년 자신의 사고에서 모순을 발견하도록 돕는다.

- 나는 결코 유능한 사람이 될 수 없어 → **왜 유능한 사람이 될 수 없다고 생각하는지 구체적인 이유를 적어보게 하고 대안들을 찾는다.** (가능성에 대한 도전)
- 나는 절대로 부모님을 만족시킬 수 없을 거야 → **부모님을 만족하게 할 수 있는 것은 무엇인지, 정말 부모님이 원하는 것과 자신이 원하는 것이 같은지 논박을 통하여 구체적으로 탐색하게 함**
- 나는 실패자야 → **아직 어린데 왜 실패자라고 생각하는지 구체적으로 적게 하고 자신이 잘 할 수 있는 강점을 찾아 그 일에 대해 구체적으로 실행계획을 짜서 자신이 성공하기 위한 대안 들을 스스로 찾을 수 있도록 구체적 질문을 유도함**

3 중요한 감정을 활성화하는 질문들은 매우 효과적이다.

자신이 즐거웠던 경험들과 재미있었던 경험들을 탐색할 수 있는 질문을 한다.

예) 내가 친구들과 놀았던 경험 중 행복했던 기억은?

　　내가 즐겁게 한 게임이나 놀이는?

4 키마를 변화시키기 위한 다른 기법들을 시행할 수 있는 발판이 되는 질문을 한다. 행동 활성화 하기. (삶의 목표: 동기부여)

- 내가 즐겁게 놀았던 경험들을 구체적으로 계획을 세워보게 한다.
- 내가 좋아하는 과목은 어떤 것이, 있는지 있다면 하루에 한 페이지씩 할 수 있도록 격려해주고 성취감을 느낄 수 있도록 기다려 준다.
- '행동의 활성화(behavioral activation)'는 청소년의 긍정적인 활동을 격려하고 희망을 불어넣는 절차를 말한다.

☞ **활동 계획하기**(우선순위 시간 관리능력)
긴급하지는 않지만 중요한 일부터 실행을 하여 자신의 시간을 여유 있게 쓸 수 있도록 코칭한다.

	긴급함	긴급하지 않음
	긴급하고 중요한 일	긴급하지 않지만 중요한 일
중요함	1	2
중요하지 않음	3	4
	중요하지 않지만 긴급한 일	중요하지도 않고 긴급하지도 않은 일

마지막으로 활동 평가하기(성취감 향상)를 느낄 수 있도록 한다.

자녀에게 각각 활동하는 동안 자신의 감정을 0~ 10점 척도로 평가하는 것이다.

● **인지 왜곡 논박하기**

인지 왜곡에 별칭을 붙이는 것은 간단한 놀이로써 아동(청소년)이 자기 지시법과 합리적 분석을 진행할 수 있도록 도와주는 것이다. 여기서 '사라'의 예시를 들어서 왜곡 파악하는 것을 보여 줄 것이다.

사라는 완벽주의자의 성향이 있고 강박적 사고를 하는 16살 중학교 3학년이다.

사라는 모든 사고를 흑백논리로 사고하고 상황에 따른 파국적 사고를 하는 중학교 소녀이다.

사라: 수학 시험 망쳤어 난 시험에 운이 없고 모든 시험을 다 망친 거야. 난 결국 중학교를 졸업하지 못할 것이고 좋은 고등학교뿐만 아니라 좋은 대학에 들어갈 수 없을 거야.

엄마: 그 생각은 누구의 생각이야?

사라: 내 생각이지.

엄마: 그 생각은 한 가지를 잘 못 한다고 해서 다른 것도 못 한다는 흑백논리고 한 가지 일로 인해 다른 것도 일반화시키는 것 같은데 어떻게 생각하니?

사라: (깊이 생각하며) 내가 생각한 것이 조금은 과장되고 상황을 부풀려서 모든 게 나빠 보이는 왜곡된 사고를 한 것 같기는 한데 자꾸 그런 생각이 들어 우울하고 불안해.

엄마: 그렇구나(공감)! 그런 생각이 들어 너가 많이 우울하고 불안하다는 거구나! (반영하기)
       그럼 수학 시험 말고 다른 것은 어떤데?

사라: 다른 점수들은 그래도 중간이상은 받았어.

엄마: 그럼 중간이상 받은 거면 시험을 다 망친 것일까? 중학교를 졸업하지 못하는 걸까?

사라: 그렇지는 않지.

한 가지 잘못한 것을 가지고 과잉 일반화하며 우울한 감정을 논박하여 자신이 왜곡된 사고로 인한 우울임을 인지시킨다.

불안한 아동(청소년)을 위한 부모코치 기능

연령이 다른 아동에게 나타나는 기분장애와 우울 및 관련된 장애에서 나타날 수 있는 행동 증상	
불쾌한 기분, 흥미의 상실, 까다로움	가능한 행동 증상들
- 슬픔이나 표정 없는 얼굴 외모 - 혐오감으로 쳐다 봄 - 표정 없는 응시 - 둔마된 감정(blunt affect) - 짜증을 잘 냄	1. 신체화 장애(성장실패, 되삭임) 2. 사회적 놀이/책임성 부족 3. 지속적인 성마름 또는 무기력 4. 분리와 애착 문제, 분리에 대한 무능력, 분리에 대한 반응 없음 5. 행동 곤란 6. 발달지연(특히 언어와 대근육 운동 7. 급식(feeding)의 곤란 8. 수면곤란

3~5세	– 슬픈 얼굴 표정 – 애처로운 눈 – 화를 잘냄 – 침울하거나 불안정한 감정	1. 신체화 장애(유분증, 유노증, 천식, 성장실패, 위통) 2. 사회적 철회 3. 과도한 활동이나 무기력 4. 학교 거부를 포함함, 분리 문제 5. 공격적인 행동이나 수동적인 불평행동 6. 자신을 위험하게 하는 행동이나 병적인 행동 (사고 일으키기, 머리찧기) 7. 급식 곤란 8. 수면 곤란
6~8세	– 불행감의 연장 – 짜증을 잘 냄 – 침울한 감정	1. 신체화(애매한 불편, 복통) 2. 감소된 사회화 3. 과도한 활동성 또는 무기력 4.공포증적인 행동, 분리 문제 5. 공격적인 행동이나 거짓말, 훔치기 6. 자신을 위험하게 하는 행동이나 병적인 집착 7. 수면 곤란 8. 학교 곤란
9~12세	– 슬픔 – 무관심 – 무기력 – 짜증을 잘 냄 – 일상활동에서의 즐거움 상실	1. 신체화 증상 2. 침착하지 못함 또는 무력감 3. 공포증적인 행동과 분리 문제 4. 반사회적 행동 5. 자신을 위험하게 하는 행동이나 병적인 사고 6. 식욕이나 체중 변화 7. 수면 곤란 8. 학교 곤란
13~18세 (사춘기 이후)	– 슬픔 – 무관심 – 무기력 – 성마름 – 일상생활에서의 즐거움 상실	1. 신체화 증상들(섭식장애) 2. 참지 못함이나 무력감 3. 공포증 행동, 불안, 분리 문제 4. 반사회적 행동 5. 죽음이나 자살에 대한 주기적인 생각 6. 식욕이나 체중 변화 7. 수면 곤란 8. 집중력 감소 9. 과도한 죄책감, 자기 비하 10. 낮은 자아 존중감, 자아인식

[출처: 우울한 아동과 청소년의 인지치료 적용]

주의

우울한 아동(청소년)들은 자신의 의지와 상관없이 호르몬의 영향 일수 있으므로 각별한 관심과 주의가 필요하다. 그냥 간단한 우울감정이라고 간과하면 인지적 왜곡으로 인해 극단적인 선택을 할 수 있으므로. 심리검사를 통해 원인을 파악하고 약물치료를 병행하는 것을 권한다.

불안한 아동(청소년)이 보내는 신호

불안, 공포, 걱정은 어린 시절에 흔히 겪게 마련이다. 그런데 요즘 아동(청소년)들은 학업, 마약, 폭력, SNS로 인한 스트레스 원인으로부터 너무 쉽게 노출이 되어있다. 그러나 보니 아동(청소년)기에 극심한 스트레스의 압력을 극복하는 것은 아주 힘든 일이다.

💡 불안한 아동(청소년)의 생리적 증상

불안한 아동(청소년) 중에는 신체 문제를 호소하는 경우가 많다. 이들은 얼굴에 괴로움이 드러나고 항상 짜증 나 있으며 불편해 보이고 매사에 의욕이 없다. 땀을 줄줄 흘리고, 배가 아프다고 하고, 어지럽다고도 하고, 근육통과 위장장애를 호소하기도 한다. 심하면 심장 압박을 느끼기도 하고 숨이 차거나 불규칙한 배면을 호소하는 때도 있다.

> 자녀들이 이렇게 아픔을 너무 자주 호소하면 공부하기 싫어서 핑계를 댄다고 생각하지는 않는가?

일단 자녀의 의견을 무조건 꾀병이라고 생각하지 말고 자녀가 보내는 신호를 잘 관찰하여야 한다.

자녀의 행동(신호) 실험

날짜	얼마나 아픈가? (걱정)	실제로 아픈적 (사실)	스트레스로 인한 것인가?
월			
화			
수			
목			
금			
토			

☞ 얼마나 아픈지를 점수 척도 1–10점으로 점검하도록 한다.

한국판 펜스테이트 걱정질문지(아동용) PSWQ-CK

번호	문항	전혀 그렇지 않다	가끔 그렇다	자주 그렇다	항상 그렇다
1	나는 걱정 때문에 정말 괴롭다.				
2	나는 어떤 일에 대해서도 걱정하지 않는다.				
3	많은 일들이 나를 걱정하게 만든다.				
4	나는 걱정해서는 안 된다는 것을 알지만, 어쩔 수 없다.				
5	나는 스트레스를 받으면 걱정을 많이 한다.				
6	나는 항상 무엇인가를 걱정하고 있다.				

- 전혀 그렇지 않다: 0점
- 가끔 그렇다:1점
- 자주 그렇다: 2점
- 항상 그렇다 :3점

* 총 점수가 9점 이상이면 불안지수를 높다고 본다.

불안 척도 GAD

번호	문항	전혀 방해 받지 않았다	며칠 동안 방해 받았다	7일 이상 방해 받았다	거의 매일 방해 받았다
1	초조하거나 불안하거나 조마조마하게 느낀다.				
2	걱정하는 것을 멈추거나 조절할 수 없다.				
3	여러 가지 것들에 대해 걱정을 너무 많이 한다.				
4	편하게 있기가 어렵다.				
5	너무 안절부절못해서 가만히 있기가 힘들다.				
6	쉽게 짜증이 나거나 쉽게 성을 내게 된다.				
7	마치 끔찍한 일이 생길 것처럼 두렵게 느낀다.				

- 전혀 방해받지 않았다: 0점
- 며칠 동안 방해받았다: 1점
- 7일 이상 방해받았다: 2점
- 거의 매일 방해 받았다: 3점

* 총 점수가 9점 이상이면 불안지수를 높다고 본다.

불안한 아동(청소년)을 위한 부모코치 기술 도구에는 어떤 것들이 있을까?

1. 자기감찰(self-monitoring)

　머리가 좋고 성적도 좋은 아이들이 학교에서 적응하지 못하는 경우가 있듯이 탁월한 능력을 갖추고 있는 사람들이 직장에서 자기의 재능을 제대로 발휘하지 못하는 경우가 많다. 원만한 관계를 유지하기 위해서는 상대방의 의중을 정확히 파악하고 자신의 감정과 행동을 적절하게 통제해야 한다. 다른 사람들이 자신을 어떻게 생각하고 있는지를 정확하게 파악하고 자기의 행동을 적절하게 통제할 수 있는 것을 심리학에서는 자기 감찰능력이라고 한다.

💡 자기 감찰능력(self-monitoring)이 우수한 사람은 몇 가지 특성

1. 상대방의 욕구와 자신의 행동이 다른 사람에게 미치는 영향을 정확하게 파악하기 때문에 상황에 맞게 행동을 조절할 수 있다. 예컨대, 회의를 주재하는 사람이라면 참석자들이 지루해하는 즉시 이를 간파해 진행방식을 바꾸는 등 상황을 적절하게 처리할 수 있다.

2. 자신의 주관적인 감정이나 태도에 집착하기보다는 상황이 기대하는 바에 따라서 행동한다. 이들은 상대가 처한 상황이나 상대가 누구냐에 따라 사용할 말과 행동을 적절하게 취사 선택해서 사용할 수 있다.

3. 직설적이고 노골적인 감정표현을 잘 하지 않고 좋은 표현을 할 수 있다. 상황이나 분위기를 정확하게 포착해서 자신의 내적 감정을 적절하게 조절하기 때문에 분위기를 깨거나 상대의 감정을 다치게 하지 않는다.

4 비언어적 커뮤니케이션의 파악 능력과 전달 능력이 우수하다. 비언어적으로 전달되는 상대의 의중을 민감하게 읽을 수 있을 뿐만 아니라 특별히 말을 많이 하지 않고도 표정, 시선, 말투 등 비언어적 의사전달 수단을 적절히 구사해 다른 사람들과 좋은 관계를 유지한다.

5 상대방의 감정을 정확하게 판단하고 처지를 바꿔 생각할 수 있는 공감 능력이 뛰어나다. 말을 하기보다는 상대의 말을 경청하는 능력이 뛰어나서 자기중심적이 아닌 타인 중심적 태도를 보인다.

그러나 자기 감찰능력이 부족한 아동(청소년)은 상대방의 욕구와 자신의 행동이 다른 사람에게 어떤 영향을 미치는지 정확하게 파악하기 힘들어서 행동조절이 힘들 수 있다. 또한, 자신의 주관적 감정이나 태도에 집착하고 타인의 말과 행동을 별로 신경 쓰지 않기 때문에 직설적이고 노골적인 감정표현을 한다.

그렇기에 자기 감찰능력(self-monitoring)이 아동(청소년)에게 매우 직접적이다.

자기 감찰에서는 불안한 요소들로 공포나 근심의 각각의 척도에 따라 점수를 부여해 아동(청소년)의 불안 공포에 대한 주관적인 고통 수준 정도를 파악하는 것이다. 그냥 비어 있는 온도계를 사용할 수도 있고 아동(청소년) 스스로 자신만의 평정척도 혹은 두려움의 정도를 결정하게 할 수도 있다.

● **두려움 온도계**

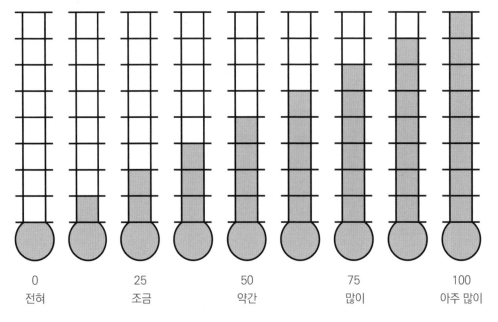

0	25	50	75	100
전혀	조금	약간	많이	아주 많이

Silverman 과 Kurtines(1996) **자기 감찰 도구**

두려움 온도계는 두려움, 걱정, 좌절에도 같은 원리가 적용된다. 불안을 호소하는 아동(청소년)의 걱정 또는 두려움 때문에 심하게 괴로워하지 않게 하려면 다음의 코치계획을 세우고 자녀와의 소통을 시작하면 된다.

● **코치계획**

코치계획은 방향을 제시하며 어떤 경로로 나아갈 것인지, 개입의 순서와 시기에 대해서도 구체적이고 상세하게 점검해야 한다.

예시 1

자기 감찰(self-monitoring)과 자기 지시 기법은 불안한 아동이 공격적인 행동을 할 때 도움을 줄 수 있다.

예시 2

아동의 사고가 구체적일 때에는 분노 온도계와 같은 시각적 보조도구를 활용하여 아동의 사고가 추상적 사고가 가능한 아동이라면 일반 평정척도를 사용해도 좋다.

예시 3

읽기에 어려움이 없는 아동(청소년)에게는 인쇄물 사용 가능, 읽기에 문제가 있는 아동에게는 영상자료가 유용합니다.

그럼 구체적으로 어떻게 시작해야 할까?

1　'걱정을 다루는 근육'을 날마다 조금씩 길러 줄 수 있도록 자녀와 복식호흡을 시간을 정해놓고 하는 것이 좋다. 불안한 상황을 감당하는 데 시간이 좀 더 걸릴지는 모르지만, 개선 속도는 절대로 불안 극복에 중요한 요소가 아니다. 점진적 노출을 바탕으로 한 **체계적 둔감법**에서 아동(청소년)은 상상력을 발휘 하거나 호흡법, 이완 기법, 현실적인 생각을 이용해 상황과 불안을 분리할 수 있도록 부모(코치 자)는 편안하게 아동(청소년)의 말에 경청하는 것이 중요하다.

2 어떤 일이든 작은 단계로 나눠 본다. 각 단계의 과제가 아동(청소년)이 이미 편안하게 느끼는 영역 밖에 있는지 확인하고, 목표까지 천천히 지속해서 나아갈 수 있도록 부모(코치)가 도와야 한다. 앞에서 설명한 두려움 온도계를 써서, 두려운 과제를 제일 쉬운 일부터 제일 어려운 일까지 순위를 정하세요. 아동(청소년)이 어려워하면 이렇게 물어본다.

"무섭거나 걱정돼서 지금은 못 하지만 꼭 해 보고 싶은 일은 뭐야?"

과제를 하기 전에 아동(청소년)이 먼저 역할극으로 상황을 어떻게 처리할지 연습해 봐야 할 때가 많이 있다. 아동(청소년)은 부모(코치 자)를 보면서 어려움을 다루는 방법을 학습할 수 있도록 모델링을 시도하면 된다.

두려움 온도계를 기준으로 아동(청소년)은 두려움이 (최고 100도에서) 25도 이상 떨어질 때까지, 되도록 버텨야 한다. 노출이 지루하거나 너무 쉽다고 생각되면, 아동(청소년)은 다음 목표에 도전할 수 있다. 노출 작업은 항상 좋게 끝나야 한다. 그러니 아이가 지나치게 어려워한다면 수준을 조금 낮춰 주세요. 한 단계 아래에 있는 과제를 제시해 준다.

'익숙해지기' 작업은 자주 하는 게 제일 좋다. 다른 근육처럼 두려움을 다루는 근육도 꾸준히 단련할 때 제일 튼튼해진다. 자주 노출되지 않으면, 아동(청소년)은 자신의 성공 경험을 잊어버리고 예전의 두려운 생각에 다시 빠져들게 된다. 두려움 온도계는 코칭 개입전략을 이끌며, 코칭 방해요인들을 예측하는 데 도움을 줄 수 있다.

점진적 단계 과정은 코칭 계획에 포함된 여러 기법을 통합하는 지침을 제공하는 데 효과적이며(Shirk, 1999), 어떤 기법을 어떤 시점에 사용되어야 알려준다.

☞ **부모코칭를 시작할 때 주의점**

증상이 왜 일어나는지? 겉에 드러나는 부분을 보기보다는 다양한 환경요인, 대인관계 및 개인 내적 요인들이 어떻게(how) 증상에 영향을 미치는지? 를 탐색해야 한다. 겉으로 일치하지 않은 증상들이 서로 어떤 관련성을 갖는지 등을 먼저 아동(청소년)으로부터 구체적으로 듣고 공감해야지 아동(청소년)의 불안 두려움을 찾을 수 있고 코칭해 나아 갈 수 있다.

첫 단계는 문제를 정의하는 것

문제를 정의할 때는 아동과 가족이 처해 있는 특수한 상황을 반영해야 하며, 가능한 구체적으로 정의하는 것이 좋다.

(예) 낮은 자존감 문제를 보이는 8세 여아 '낮은 자존감'은 매우 모호하고 일반적인 용어로써, 아동이 당면하고 있는 구체적인 어려움을 이해하기 어렵게 함으로 두려움 온도계와 자기 보고식 측정 도구를 사용하여 아동(자녀)의 낮은 자존감 문제를 좀 더 분명하게 해야한다.

예시

- 행동 측면: 새로운 과제나 사람들을 피하고 잘 울며, 어려운 과제를 지속하는 데 어려움을 보이고, 수동적 행동을 보임
- 일반적 문제: 낮은 자존감
- 행동: 새로운 과제나 사람들을 피한다. 잘 운다, 과제를 지속해서 하는데 어려움을 보인다. 수동적인 행동을 보임
- 정서: 슬픔, 불안, 짜증
- 대인관계: 친구가 거의 없음, 주변 지인들한테 반복적으로 혼이 남
- 생리 증상: 배나 머리가 자주 아프다 하고 땀을 많이 흘림
- 인지기능: " 나는 잘하는데 아무것도 없어.", "나를 좋와하는 사람은 아무도 없어.", " 나는 뭐를 해도 사람들이 싫어해." 등

-〉 모호한 현재의 문제를 분명하고 구체적 문제로 전환할 수 있도록 구체적 정보를 탐색하고 편안하게 자녀가 말할 수 있도록 부모(코치 자)는 모든 것을 수용할 수 있는 자세로 공감과 경청을 잘 해주어야 한다.

-〉 인지적으로 가르치는 데에 있어 평가는 중요하며, 코칭과 평가도구(자기 감찰)로 부터 얻은 정보를 활용하여 공감하고 경청하는 것이 필수 요소로 작용한다.

-〉 객관적 자기보고 도구와 점검표를 주로 사용하며, 증상의 존재 여부뿐만 아니라, 증상의 빈도와 강도, 지속기간 등에 대한 자료를 제공하며, 코칭 시 어느 정도 자녀가 좋아지고 나아지고 있는지를 알수 있는 자료이다.

-〉 사회적 배경은 자녀의 사회화 과정에 영향을 미치고, 가족의 관습은 증상표현에 영향을 미치기 때문에, 사회 문화 배경은 아동의 임상 증상, 치료에 대한 반응에 영향을 준다.

-〉 먼저 아동(청소년)과 그의 가족이 가진 가치관과 교육수준을 고려해야 하며, 정서표현을 부모(코치 자)가 어떻게 하고 있는지를 먼저 탐색하고 코치 자(부모)의 잘못된 언어나 정서적 표현이 아동(청소년)에게 어떠한 영향을 미칠 수 있는지를 들여다 봐야 한다.

부모(코치 자)는 어떠한 언어를 사용하는지, 어떠한 믿음을 가졌는지, **자신의 태도와 행동, 감정표현을 깊이 있게 탐색하는 것이 필수이다.**

2. 체계적 둔감법

체계적 둔감법은 두려움을 적게 느끼는 상황부터 두려움을 많이 느끼는 상황의 단계를 개발한 후 각각의 단계에서 두려움을 극복하도록 하면서 궁극적으로 가장 두려움을 가장 많이 느끼는 상황을 극복하도록 하는 행동 치료이다.

남아프리카의 올페(J. Wolpe)는 최초로 고전적 조건화에 따른 체계적 둔감법을 사용하여 고양이의 불안감을 제거하는 데 성공하였다. 그는 불안감을 일으키는 자극에 고양이를 살짝 노출했다. 그런 후에 음식과 같은 긍정적인 자극을 고양이에게 주었다. 이러한 방법을 통하여 고양이가 불안의 요소에 긍정적으로 반응을 하도록 함으로써 고양이의 불안감을 제거하는 데 성공하였다. 걱정, 두려움, 언어 불안, 폐소공포증, 수학 학습 불안 등과 같은 정서적 행동에 광범위하게 사용됐다. 체계적 둔감법은 공포증, 언어 불안, 수학 학습 불안 등을 제거하는 데 많이 사용함으로써 문제행동을 치료할 수 있다.

> ☞ **부모코칭방법**
> 체계적 둔감법을 위한 방법에는 상상을 통한 방법(in vivo)과 실제로 불안 상황에 노출하는 방법(in Vitra)이 있는데, 치료 기간에 따라 초반에는 전자를 활용하다가 후반에는 후자를 활용하는 방식으로 적용할 수도 있다. 상상을 통한 방법만 활용할 때는 공포 자극을 상상하는 정도와 상황에 몰입하는 정도에 개인차가 존재할 수 있어서, 상상만 이용하는 방법보다는 직접적인 노출과 함께 활용하는 것이 공포의 해소에 효과적이다.

💡 체계적 둔감법을 실행하기 위한 3가지 팁

1. 이완훈련

이완훈련은 긴장하거나 스트레스를 받는 상황에서 심신의 안정을 가져오고 평정심을 회복할 수 있도록 하기 위한 기법으로서, 점진적 근육 이완훈련, 호흡법, 마음 챙기기(mindfulness), 명상, 심상을 활용한 상상훈련 등 다양한 방법들이 있다. 이완훈련의 전제는 '긴장이나 불안은 이완 상태와 동시에 나타날 수 없다.'라는 것이다. 이에 따라 불안이나 초조, 긴장 상태에서 경험하는 신체의 반응에 반대되는 이완 상태를 유지하도록 함으로써 궁극적으로 인지, 정서적인 변화까지 가져오도록 한다. 그런 의미에서 이왕 훈련은 행동수정이론과 인지행동치료에서 많이 사용되며, 이완훈련의 다양한 기법들을 혼용하여 사용하거나, 다른 인지행동치료 기법과 함께 활용되기도 한다.

불안하거나 스트레스를 받는 상황에서 신체는 '싸우기 또는 도망치기(fight or flight)' 상태로 전환되며, **교감신경계**가 활성화되어 심장박동이 빨라지고, 호흡이 거칠어지는 등의 반응을 보인다. 또, 스트레스는 목과 어깨의 긴장, 이로 인한 요통, 두통 등 다양한 증상들을 가져온다. 이완훈련에서는 신체의 각성을 완화시키는 다양한 활동들을 통해 중추 신경계와 뇌의 신경계에 더 이상 위험 요소가 존재하지 않는다는 신호를 보내고, 이를 통해 **부교감신경계**가 활성화되도록 촉진한다.

부교감신경계는 교감신경계와 반대로 안정적이고 평온한 상태일 때 활성화된다. 실제로 뇌 영상에 관한 연구들은 불안 수준이 높은 사람들에게서 부교감신경계의 기능이 약화하여 있고, 잘 반응하지 않는 것을 발견하였다. 따라서 일반 사람들이 위험 요소가 지나간 후에는 다시 부교감신경계가 활동하여 안정을 되찾는 것과 달리, 불안이 높은 사람에게서는 이러한 부교감신경계로의 전환이 잘 이루어지지 않으면서 더 오랜 시간 불안이 지속하는 것이다.

이완훈련에 관한 연구들은 불안이 높은 사람들이 이왕 훈련을 진행하면서 점차 부교감신경계의 기능이 정상적으로 돌아온다는 결과가 있다. 예를 들어, 점진적 근육 이완훈련에서는 신체의 각 부분에 긴장을 가한 후 다시 이완하는 것을 반복하면서, 긴장 시와 이완 시 각각의 느낌에 집중하도록 한다. 이를 통해 스트레스를 받을 때 긴장되는 부위가 어디인지 살펴보고, 점차 근육 긴장을 완화할 수 있는 기술을 체득해 나가도록 한다. 호흡법에서는 천천히 깊게 복식호흡을 하고, 특히 날숨을 길게 내쉬면서 긴장을 풀어 나가도록 한다.

호흡법은 간단하지만, 일상생활에서도 유용하게 활용할 수 있는 것으로, 지나치게 긴장하거나 화가 날 때, 머리가 복잡할 때 잠깐 여유를 가지고 호흡법을 시도하면 즉각적인 효과를 볼 수 있다. 그 밖에 심상을 활용한 상상훈련에서는 마음을 편안하게 해주는 시각적 이미지, 장소, 상황 등에 대한 묘사를 듣고 마음속으로 이를 그려보면서 긴장을 풀 수 있도록 유도한다. 이때 사용되는 심상은 시각뿐만 아니라 청각, 후각, 촉각 등 다양한 것이 될 수 있다. 이완훈련은 즉각적인 신체적 효과뿐 아니라 불안, 우울의 감소, 수면 문제의 경감, 혈압을 낮추는 효과, 걱정의 완화, 충동적 행동의 감소와 같은 잠재적인 효과를 가진다. 특히 이완훈련은 불안에 관련된 생리적(physiological) 요소들을 변화시켜주는 효과적인 방법으로서, 인지행동치료에 적합하다. 이완훈련을 통해 나타나는 부정적 사고, 정서, 행동의 감소와 어려운 상황에 대한 회피적 태도의 감소가 전반적인 불안의 감소로 이어지기 때문이다.

☞ **이완훈련 시 주의점**

이완훈련은 비교적 쉽고 간단하게 시도할 수 있으며, 신체적인 변화를 통해 직접적인 효과를 경험할 수 있다는 점에서 유용하다. 그러나 이완훈련을 활용한 불안이 높은 아이들은 불안한 상황에 대한 노출을 회피하려는 방안으로써 이완훈련이 잘못 사용될 위험이 있다. 그리고 이는 궁극적으로 불안을 지속시킬 수 있고 상황을 더 어렵게 하는 장애 요인으로 작용할 수 있다. 따라서 이완 훈련과 동시에 불안을 유발하는 요인을 직면하고 극복해나가기 위한 구체적인 행동 plan이 동반되어야 한다.

2. 위계 표를 만들어 보기

불안 위계 표 작성 – 불안이나 공포에 대한 구체적인 정보와 함께 각각의 증상과 관련된 행동들을 파악하고 위계목록은 대략 10~20개 정도로 작성한다. 이를 위해 우선 어느 것이 작은 불안감이 드는 자극이고 어느 것이 큰 불안이 드는 자극인지 불안 위계목록을 작성해야 한다. 세밀하게 작성할수록 효과적이다. 발표하는 것이 불안한 사람을 예로 들면, 그가 발표 또는 여러 사람에게 이야기하는 다양한 상황을 분석하며 불안감이 적은 순서에서 많은 순서로 순위를 매긴다.

● 순서로 순위를 구성하는 팁

1. 심리적 고통의 정도를 점수로 측정할 수 있도록 한다.

2. 위계를 만든다.

3. 장면들을 종이에 글로 쓰거나 그림으로 그린다(표로 작성해도 좋다).

4. 위계의 가장 낮은 단계부터 시작한다.

5. 장면을 구체적으로 적고 불안을 느끼는 해당 장면을 위계를 정한다.

   예를 들어, 가족에게 이야기하는 것은 불안감이 전혀 들지 않아서 그것을 1순위로 하고, 그다음 2~3명 친구에게 이야기하는 것은 아주 약하게 불안감이 느껴져서 2순위로. 그리고 2~3명의 낯선 사람에게 이야기하는 것은, 다소 불안해서 3순위, 이런 식으로 여러 상황을 순서를 매기다가 마지막 20~30명의 사람 앞에서 발표하는 것은 매우 불안하여 마지막 순위로 전하면 된다. 다시 강조하면 세밀하고 구체적으로 작성할수록 효과적이다.

항목	그렇지 않다	가끔 그렇다	보통이다	자주 그렇다	심하게 그렇다
시험불안 자가진단예시					
시험에는 자신이 없고, 긴장하게 된다.					
시험 기간 줄곧 마음이 편하지 못하다.					
시험 점수 생각에 시험 공부가 잘 안 될 때가 있다.					
시험 걱정에 매달려 마음의 여유가 없다.					
시험을 치는 동안 내 성적으로 원하는 학교에 진학할 수 있을까 걱정된다.					
문제를 푸는 순간에도 걱정돼 애를 태운다.					
혹시 틀리지 않을까라는 생각이 집중을 방해한다.					
시험을 칠 때 안절부절못하고 몹시 서둔다.					
시험 공부를 아무리 많이 해도 시험시간만 되면 초조해진다.					
시험 점수를 알기 전에는 도무지 마음이 놓이지 않는다.					
답을 쓰는 순간 손발이 떨린다.					
이제 시험이나 성적 걱정에서 벗어났으면 좋겠다.					
식욕을 잃고 속이 불편할 정도로 신경이 날카로워진다.					
시험은 나에게 좌절감과 패배감을 갖게 한다.					
시험을 치는 동안 몹시 당황한다.					
시험 일자가 다가오면 나도 모르게 몸과 마음이 굳어진다.					
시험 치는 순간에도 성적이 떨어질까 봐 마음 졸인다.					
시험 지는 동안 가슴이 두근거리고 입이 마른다.					
시험을 치고 난 다음에도 시험 걱정을 한다.					
몹시 긴장해서 아는 것도 생각나지 않을 때가 있다.					

※ 배점: 그렇지 않다 0점, 가끔 그렇다 1점, 보통이다 2점, 자주 그렇다 3점, 심하게 그렇다 4점. 각 항목의 합산 점수가 30점 이하면 정상, 61점 이상은 시험 불안이 심한 상태.

- **위계 표에 따른 장면을 묘사하는 동안 이완기술 연습하기**

> 자녀가 위계목록을 작성하면 자신의 두려움에 대해 가능한 한 상세하게 생리적, 기분, 인지적, 대인관계 측면에서 이야기하는 것이다. 대부분 아동(청소년)은 이러한 요소들을 다 이야기 안 할 것이다. 생생한 심상을 만들기 위해서는 부모(코치) 자가 도와주어야 한다.
>
> 주변에 무엇이 있는지, 그 사람이 어떻게 보이는지, 그 사람들이 너에 대해 어떤 생각을 하고 있다고 생각하는지, 방은 어떻게 생겼는지, 교실은 어떻게 생겼는지, 자신의 몸이 어떻게 느끼는지? 계속 질문을 하면서 생생한 심상이 생길 수 있도록 이완을 해주어야 한다.

- **몸과 마음을 다스리는 점진적 근육 이완훈련**

점진적 이완치료 (Progressive muscle relaxation)은 다른 운동과 같이 몸이 적응할 시간이 필요하다. 그러므로 최소 2주 동안 부모(코치 자)와 매일 진행할 때 가장 효과적이다.

1 준비단계

점진적 이완치료(progressive muscle relaxation training) **진행 전에 아래와 같은 내용을 준비를 먼저 한다.**

- 편한 장소를 찾는다. 집중을 방해하는 것들을 자유로운지 확인한다. 휴대전화를 끄고 조용한 방에 간다(집중을 방해하는 관련 있는 사람들과의 접촉을 방지한다).
- 내가 지금 편안한지 확인한다. 편안한 옷을 입고, 신발은 벗고, 만약 소화되지 않은 상태라면 소화가 될 시간까지 기다린다.
- 가장 편안한 자세로 의자에 앉는다. 누워 있는 자세가 더 편하다면 그렇게 해도 괜찮겠지만, 잠들 가능성이 크니 편안한 자세로 의자에 앉는 것을 추천한다.

2 이완단계

- 준비가 되었다면, 정신에 집중하고 오른쪽 발에 집중한다(왼손잡이일 경우 왼쪽부터 시작하는 것도 무방하다).
- 숨을 쉬고 발의 힘을 최대한 많이 준다.
- 근육을 긴장시킨 상태에서 10초를 센다.
- 빠르게 발의 근육에 있었던 모든 긴장을 풀어준다.
- 20초를 센다.

다음으로, 이 과정을 같은 발로 반복한다. 두 번째 진행 할 때에는 더 많은 감각이 느껴질 것이다. 같은 발로 이 과정을 두 번 반복하고 나서는 다른 신체 부위에도 근육 긴장을 진행할 수 있도록 한다. 똑같은 방법으로 10초간 근육의 긴장을 하고 다시 20초간 긴장을 풀어주는 과정을 반복한다. 이처럼 발에서부터 몸으로 올라가는 방법으로 몸 근육을 긴장하고 풀어 주면 된다.

예시

중학교 3학년 여학생 수진이는 시험에 대한 두려움을 가지고 있다.

시험을 보는 날이다. 손바닥이 땀투성이다. 심장이 시계 소리처럼 정말로 빨리 뛴다. 두근거린다. 머리가 살살 아프려고 하다. 집중할 수 없을 것 같다. 현기증이 난다. 소음이 나를 괴롭힌다. 다른 아이들의 목소리가 귀에서 윙윙하며 나의 귀를 괴롭힌다. 친구들이 왔다 갔다 나의 책상 앞에서 돌아다닌다. 친구들은 시험이 무슨 장난인 양 떠들고 웃고 장난을 치고 있다. 가만히 앉아 있지를 못하고 장난을 친다. 선생님이 들어오셨다. 그제야 아이들은 책상으로 돌아가 앉는다. 시험지를 나눠 주기 시작한다. 옆에 친구들의 호흡 소리가 들린다. 종소리가 났다. 등을 받치고 있는 의자가 딱딱하게 느껴지고 옷에 땀이 나서 축축함으로 불쾌감이 느껴진다. 교실에서는 젖은 책 같은 냄새가 난다. 시험지를 잡으니 손에 종이가 달라붙는다. 시험지를 읽는데 글이 눈에 들어오지 않고 어지럽고 속이 메슥거린다. 아무 생각도 안 날까 봐 걱정된다. 소리 지르며 교실을 뛰쳐나가고 싶다. 시험을 못 볼까 봐 두려운 마음이 없어지질 않는다.

수진이가 쓴 일기의 한 장면의 예

• 체계적 둔감법을 이용한 부모코칭

부모: 수진아, 수진이가 시험 때문에 많이 불안하고 괴롭구나? 엄마와 같이 근육을 한번 편안하게 해 보자. 준비되면 우선 손가락을 한번 올려보도록 할까?

수진: (손가락을 올린다.)

부모: 이제 손가락을 내려놓아 너는 지금 깊은 이완 상태에 있어 너는 평온함과 자신감을 느낄 수 있을 거야 이제 너의 마음의 눈으로 학교 시험장소를 상상해 보는 거야. 등 뒤에서 문이 닫히

는 소리를 들으며 집을 나선다고 떠올려보자. 머리가 욱신욱신하고 뱃속이 울렁울렁하나. 꼭 토할 것만 같다. 다리가 무겁고 시험성적이 안 나올까 봐 걱정된다. 걱정이 머릿속을 스쳐 지나간다. 이 장면이 상상되면 손가락을 들어볼까?

수진: (손가락을 천천히 올린다.)

부모: 이제 손가락을 천천히 내려놓자.

수진: (손가락을 내린다.)

부모: 방금 그 장면에 계속 머물도록 한다. 마치 지금 여기서 일어나고 있는 것처럼 상상해 보고 TV 속 화면이 잘 나오게 조절하는 것처럼 초점을 맞추고 너의 몸에서 느껴지는 불안과 두려움을 없애기 위해 엄마(코치 자)와 같이 복식호흡을 하는 거야

수진:(엄마와 훈련한 복식호흡을 실행한다..)

부모: 조금 평온해 졌다면 손가락을 다시 올려봐

수진: 손가락을 올린다.

부모: 이제 장면을 바꿔보자. 학교의 교실을 상상해 보렴. 구체적으로 친구들이 걸어가는 모습 그 애들의 표정들도 읽을 수 있어야 한다. 친구들의 목소리가 시끄럽게 들리고 무척 빠르게 뛰어다니는 애들도 떠오른다. 친구들이 시험에 관한 이야기들을 한다. 어떤 문제가 나올지 이야기하는 것을 듣고 심장이 두근거리고 숨이 찬 느낌을 받는다. 시험을 못 볼까봐 걱정을 하게 된다. 이 장면을 상상할 수 있다면 천천히 손을 올려보는 거야.

수진: (천천히 손가락을 올린다.)

부모: 불안을 느끼면 다시 손가락을 올려보자

수진: (손가락을 올린다.)

부모: 엄마가 옆에 있으니 걱정하지 말고 이 장면에 좀 더 머물러 보도록 하자 이 장면을 보면서 다시 호흡법을 진행하면서 몸의 불안이 사라지는지 느끼도록 하자

수진: (엄마와 훈련한 복식호흡을 실행한다.)
수진이의 얼굴에 편안함이 느껴진다.

☞ **부모코칭훈련 후**

자녀에게 호흡훈련을 같이하고 연습하면서 자녀가 편안해하는 모습을 보며 이완훈련이 얼마나 효과가 있는지 알 수 있었고 자녀에게 "좋아." 혹은 "잘했어." 등의 말로 강화하지 않고 천천히 기다려주며 자녀와 같이 그 모습을 상상하고 자녀가 편안할 수 있도록 천천히 진행한 것이 잘한 것 같다. 자녀가 불안해하는 모습을 볼 때 손을 잡아주고 그 장면에 들어가서 극복할 수 있게 도와준 것이 뿌듯했다.

사회기술훈련은 1970년대 초부터 개발됐는데 이는 "인간의 모든 행동은 학습 되는 것이며 인간의 모든 주관적이고 생리적인 감정 역시 학습되는 것이다."라는 행동주의 학파의 사회학습이론의 원칙에 근거를 둔 재활 치료의 중요한 전략 중의 한 형태로 현대 정신의학적 재활전략의 필수적인 요소로 보는 것이다.

인간은 출생과 더불어 끊임없이 환경적 자극에 대해 반응하고 개체의 제조건, 제 특성을 환경적 조건에 적응하면서 성장·발달하게 된다. 적응이란 개념은 생물학에서 비롯된 것으로 1850년대 Darwin의 이론이 기초가 되어있는 순응이란 개념을 심리학자들이 적응이라는 용어로 개정하여 사용하게 된 것이다.

사회기술에는 대화기술과 대인관계 기술이 있다. 부모들은 우선 대화에 있어서 필요한 시선 맞추기, 목소리 크기, 표정, 자세와 몸짓, 말의 내용 등의 기본적인 대화기술을 배우게 될 것이다. 이러한 기본적인 기술을 익힌 후 이들 기술을 바탕으로 여러 가지 대화기술, 예를 들면, 인사하기, 소개하기, 칭찬하기, 사과하기, 고마움 표시하기, 주장하기, 거절하기 등을 가르칠 수 있도록 할 것이다. 이렇게 습득한 대화기술들을 실제 대인관계에서 생길 수 있는 문제 상황들을 적용하여 적응적으로 대처하는 방법을 배우는 것이다.

• 사회기술 훈련의 목표

1 자녀(청소년)의 이미 지닌 기존의 행동영역을 확장하여 이전에는 실패했던 사회적 상황에서 성공할 수 있도록 가르치는 것이다.

2 이전에는 사회적 능력이 있었지만, 현재는 결손나이 있는 자녀에게는 다시 이전의 사회기술을 사용할 수 있도록 의욕을 넣어주는 것이다.

3 사회기술훈련의 내용: 사회기술훈련의 중요한 목표는 자녀에게 대화기술을 가르치는 것이다. 따라서 대화에 필요한 기본적 요소를 훈련하고 이를 바탕으로 대화의 시작, 유지, 종결, 질문하기, 요구하기, 부탁하기, 주장, 거절, 하기 등 사회생활에 있어서 필요한 전반적이면서도 구체적인 상황 등을 연습하게 하는 것이다.

• 사회기술 훈련을 통해서 얻을 수 있는 강점들

1 사회기술훈련이 자녀의 사회적 능력을 향상하며 동시에 대인 관계 시 유발하는 취약성을 감소시킨다.

2 친구들과 싸움과 갈등이 현저히 감소함

3 불안이 심한 자녀(청소년)의 불안 증상을 감소시킨다.

4 사회적응을 촉진하고 독립적으로 생활하는 능력을 증진한다.

5 대인관계 기술이 발전됨에 따라 자녀의 사회교류 폭도 확장되어 부정적 효과를 주는 사건이나 스트레스 원을 완화해준다.

6 자녀가 사회기술을 더 개발하여 더욱 적극적으로 행동함에 따라 친구 관계 및 학교 생활 가정에서의 행복도가 높아진다.

7 현실감을 되찾아 주며 사회생활을 시작함에 따라 다른 학습기회를 얻게 한다. 만약 자녀가 사회기술을 능숙하게 사용할 수 있다면 불안해하거나 혹은 두려워함이 있더라도 최소한의 상태를 악화시키지 않고 생활할 수 있고 재발의 위험성 역시 줄어들며 향상된 사회기능으로 인해 삶의 질도 향상하게 된다. 따라서 사회기술을 향상하는 것은 자녀의 불안감을 호전시키는 데 결정적인 역할을 한다.

그럼 지금부터 구체적으로 사회기술 훈련을 시작해 보자!!!

1 뇌의 구조에 대해 인식하자.

2 감정의 변화에 대해 인식하자.

3 의사소통 능력을 키울 수 있는 대화법을 익히자.

사회성 점검표

아동(청소년) 상태를 정도에 따라 체크 해주세요.

상호작용(감정표현 및 언어표현)

질문	거의 없음	적음	보통	높음	많이 높음
아동(청소년)은 대화 시 감정표현이 잘 이뤄지고 있나요?					
자녀(청소년)의 언어표현 능력이 어떤가요?					
자녀(청소년)의 행동 표현능력은 어떤가요?					
타인의 질문에 맞는 적절한 대답을 하나요?					
한 가지 주제로 긴 의사소통이 이뤄지고 있나요? (한 가지 주제의 대화 주고받기가 가능한가요?)					

사회적 환경 안에서 적응

아동(청소년)은 친구 또는 가족의 감정을 잘 알아채고 대화를 진행하나요?					
아동(청소년)이 또래 친구들과의 소통 능력(주고받기)가 어떤가요?					
학교, 학원에서 아동(청소년)의 관계 맺기에 대한 흥미가 높은가요?					
학교에서 동아리 활동은 잘 이루어지고 있나요?					
갈등 상황(집, 학교)이 발생하면 적절하게 대처하고 있나요?					

문제행동

규칙 지키기가 잘 유지되고 있나요?					
화를 내거나 짜증을 내는 빈도는 어떤가요?					
대화 시 공감이나 경청이 잘 이뤄지나요?					
그 외 문제행동이 어느 정도 있나요? (폭력적 행동, 우울, 집중력 문제, 불안 등)					

부모와의 대화

부모와 함께 대화를 어느 정도 하나요?					
부모의 처지를 이해하고 공감을 하나요?					
자녀의 의사소통 특징을 어느 정도 이해하나요?					

 뇌과학적 의미로는 아동(청소년)이 또래 친구들과 어울리려면 자아통합이 이루어져야 한다. 아동(청소년)에게 자아가 생기면 아동(청소년)은 추리, 계획, 반성, 행동하기 전에 생각하는 능력, 연결하고 연계하는 능력, 협상력, 문제 해결력이 생긴다.

 자아통합에 있어서 자기 조절력이 중요하다. 아동(청소년)은 감정을 조절하는 대뇌변연계 상부가 발달하는 데 시간이 오래 걸린다. 따라서 감정을 통제하고 평가하는 일은 5~6세는 되어야 비로소 시작된다. 감정조절에는 전두엽도 중요한데, 감정은 대뇌변연계에서 만들어지지만, 전두엽에서 지각할 수 있다. 대뇌변연계와 전두엽이 발달해야 아동(청소년)은 비로소 자신의 감정을 주변의 사건과 일치시킬 수 있고 자신의 감정을 또래 친구에게 알리기 위해 스스로 관심을 집중한다. 그러면서 공감 능력도 생겨 5~6세가 되면 자신이 좋아하는 물건을 또래 친구에게 건네기도 하는 자아통합이 이루어지는 것이다. 자아통합을 이루기 위해서는 감정뿐 아니라 하위 뇌의 탐색시스템도 필요하다. 아동(청소년)은 탐색시스템으로 호기심을 갖고 또래 친구들을 찾아본다. 삶에 대한 의욕, 새로운 것을 추구하는 에너지, 그리고 목표를 이루려는 열정이 생긴다. 탐색시스템은 마치 근육과 같아서 사용하면, 사용할수록 호기심이 왕성해지고 창의적으로 되며 더욱 분발하게 된다.

 신체적 감각도 자아통합에 중요하다. 신체 놀이는, 항 스트레스 효과가 있으며, 뇌에서 오피오이드를 다량 분비하게 함으로써 강력하고 긍정적인 감정을 유도한다. 특히 상호작용 놀이는 전두엽의 감정조절 기능을 향상한다. 상호작용 프로그램에 참여한 아동(청소년)들은 감정조절 면에서 현저한 발달을 보이는데, 상호의 신체 놀이를 하면 상위 뇌 발달을 촉진하는 'BDNF'라는 신경촉진인 자가 분비된다.

 자아는 결국 이렇게 감정, 탐색시스템, 감각, 생각 등이 통합되어야 기능을 할 수 있다. 자아는 자신의 감정을 듣고, 인정하고, 표현하는 경험, 자신의 호기심이나 열정을 발휘하는 체험, 신체 놀이를 통한 스트레스 회복력, 그리고 스스로 문제를 인식하고 해결하려는 문제 해결력이 쌓이면서 만들어진다.

• 부모코치솔루션

1 스스로 할 수 있게 믿어주자.

아동(청소년)이 할 수 없다고 미리 단정 짓지 말자. 아동(청소년)이 못 미더워 무슨 일이든 부모가 대신해준다면 아동(청소년)은 의존적인 성향을 띨 수밖에 없다. 쉽게 의지하는 기질은 친구 관계에도 영향을 미친다. 이를테면 부모처럼 자신이 기댈 수 있는 나이 많은 상대와 놀기를 좋아하는 것이다. 부모(코치)는 아동(청소년)이 그 일을 할 수 있는지 확인하고, 가능한 것은 아동(청소년) 스스로 해결할 수 있게 맡겨야 한다.

2 또래 친구와 접할 기회를 만들어 주자.

우선 또래 친구들에게 환영받지 못하는 이유가 무엇인지 알아보고, 또래 친구들과 잘 어울릴 기회를 자주 마련해 주자. 가까운 친구 집에 심부름을 보내거나 운동 프로그램을 함께 하도록 유도한다. 자연스레 또래들과 어울릴 기회를 만들어 주는 것이다.

친구를 집으로 초대하는 것도, 좋은 방법이다. 이때 노는 방법을 잘 모르는 아동(청소년)이라면 부모(코치)가 직접 사회성 놀이(부르마블 게임)에 참여해 규칙을 배우고 익힐 수 있게 도와준다. 아동(청소년)이 또래 친구와 놀 때의 즐거운 점을 발견하고 나면 금세 행동의 변화가 나타난다.

3 아동(청소년)의 나이와 능력에 맞게 대하자.

마냥 귀하고 예뻐 "우리 아기~" 하며 어린아이 취급을 하면 안 된다. 부모(코치)가 아동(청소년)을 아무것도 할 줄 모르는 어린아이 정도로 대한다면 밖에서도 그럴 수 있다. 아동(청소년)이 나이와 능력에 맞는 적당한 역할과 지위, 책임 등을 가져야 친구 관계를 원만하게 이끌 수 있다.

4 아이의 의견을 존중해 주자.

"넌 왜 만날 형(또는 동생)들 하고만 노니? 넌 친구도 없어?"라고 비웃거나, 아동(청소년)이 함께 어울리는 친구들에 대해 함부로 얘기하는 것은 좋지 않다. 부모(코치)가 아동(청소년)의 감정이나 생각을 늘 무시한다면 아동(청소년)은 자기가 느끼고 생각하고 하는 모든 것이 부모의 기대에 어긋난다고 믿게 된다.

이보다는 "동생들에게 이야기를 들려주는 모습이 참 보기 좋구나, 친구들에게도 이야기해주지 않을래?"라는 식으로 또래들과 놀 것을 우회적으로 권하는 것이, 효과적이다.

5 기다려주자.

 자신보다 나이가 많거나 적은 아동(청소년)과 노는 것이 또래들과 어울리지 못해 그러는 게 아니라 먼저 친하게 되어 그럴 수도 있다. 이때 또래 친구들과 무리하게 놀게 하면 익숙하지 않은 탓에 대인관계가 이루어지지 못한다. 이렇게 되면 아동(청소년)이 위축감을 느껴 또래들과 어울리는 일이 점점 더 어려워질 수 있다. 절대 강요해서는 안 되는 이유다.

6 생각, 감정 등을 분명히 표현하도록 기회를 주자.

 평소 자기 생각과 느낌, 의견 등을 말로 충분히 표현할 수 있다면 부당한 대우를 받았을 때 적절한 대처가 가능하다. 상황에 맞는 말은 자신을 방어할 수 있는 일종의 수단이다. 부모(코치)가 든든한 지원자가 되어 "너는 할 수 있어!", "네 뒤에는 엄마 아빠가 있다." 등의 격려를 한다면 아이의 자존감과 긍지가 높아진다.

7 모델링이나 역할놀이를 통하여 자기 조절력을 높이자.

 자아통합을 이루는 가장 좋은 방법은 부모(코치)가 모델링이 되는 것이다. 부모) 코치)가 다른 사람을 배려하고 친절한 행동을 보여주거나 아동(청소년)들을 공정하게 대하면, 아동(청소년)은 생활 속에서 자연스럽게 자아를 통합해 간다. 놀이(게임)를 통해, 또 이런저런 상황에서 사람들이 어떻게 느끼는지, 또는 그런 상황에서 형제나 친구는 어떤 기분인지를 타인의 감정을 들여다볼 수 있도록 해야 한다. 이런 연습은 특히 공감 능력이 떨어지는 남자들에게 중요하다.

8 부모(코치)와 긍정적 관계를 만들자.

 아동(청소년)을 너무 허용적으로 키우거나, 아동(청소년)의 감정을 거부하는 부모(코치)의 태도는 바람직하지 않다. 이렇게 하면 자기통제나 행동조절에 어려움을 느끼는 공격적인 아동(청소년)이 되기 쉽다. 부모(코치)는 아동(청소년)이 자유롭게 생각하고 그 생각대로 행동할 수 있도록 내버려 두되, 정도를 벗어나는 것에 대해선 제한하는 분별력을 가지고 있어야 한다.

9 문제 해결 방법을 스스로 찾게 도와주자.

 아동(청소년)의 잘못된 행동에 대해 부모(코치)가 바로 지적하기보다는 질문을 통해 아이 스스로 생각해볼 기회를 만들자. 아동(청소년) 스스로 문제를 해결할 수 있도록 유도하는 것이 중요하다. 이때 부모(코치)는 아동(청소년)과의 대화를 이끌어내는 도우미 역할을 하자. 만일 아동(청소년)이 적절치 않은 결론을 내렸다면 대화를 통하여 실제로 행동했을 때 어떤 결과가 나올 것인지 예측할 수 있게 도와주자.

2. 감정의 변화에 대해 인식하자!

심리학에서 감각과 감정을 구별하지 않았으나, J.워드와 W.분트는 감각은 객관적이며, 감정은 주관적이라 구별하였다. 감정은 인식작용이나 충동 의지와 다른 것이지만 엄밀히 구분할 수는 없다. 감정과 의지가 하나가 된 정의(情意)를 독일어에서는 'Gemüt(心情)'라 하고, 감정과 지각(知覺)이 합쳐진 상모적지각(相貌的知覺)이라는 현상도 있다. 따라서 최근에는 엄밀한 의미에서 지(知) ·정(情) ·의(意)로 의식(意識)을 구분하는 견해는 부정되고 있다.

• 감정의 발생원인

1 생리적·신체적 원인은 어떤 감정은 신체에서 그 원인이 수반된다.

가령, 몸을 의지할 곳이 갑자기 없어지면 공포심이 일어나고, 몸을 짓눌러 자유를 빼앗기면 노여움이 일며, 몸의 어떤 부분을 자극하면 쾌감이 생기고, 겨드랑이나 발바닥을 간질이면 웃음이 나오며, 몸을 세게 치면 고통의 감정이 발생한다. W.제임스와 C.랑게는 감정을 신체적 변화의 느낌이라 보고, 유명한 '제임스 랑게설(說)'을 주장하였다. 슬퍼서 우는 것이 아니라 우니까 슬픈 것이고, 무서워서 떠는 것이 아니라 떠니까 무서워지며, 우스워서 웃는 것이 아니라 웃으니까 우스워진다는 학설이다. 이 설에도 일면의 진리가 있음을 부정할 수는 없다.

2 심리적 원인은 감정 요구수준과의 관계로 생긴다.

즉, 성적이 요구수준에 도달하면 성공감, 도달하지 못하면 실패감이 생긴다. 이는 쾌 ·불쾌, 행복감과 불행감이 주된 감정이다. 또 성적이 요구수준에 도달할 듯하면서 잘 도달하지 못하면, 초조해지고 노여운 감정을 경험한다. 요구수준과 성적이 동떨어져 있으면 놀람 ·이상함 등의 감정이 생긴다.

3 사회적 원인은 타인과의 관계로 요구수준과 성적의 문제가 얽히게 되면 여러 가지 감정이 발생한다.

승리와 패배의 감정, 당해 낼 수 없는 상대를 대할 때의 열등감과 이와 반대 경우의 우월감이 존재한다. 또 자존심이 상했을 때의 노여움, 사람끼리의 호불호(好不好), 애증도 생긴다.

4 문화적 원인은 가장 고상한 가치감정인 정조(情操)는 문화적 원인으로 생긴다.

도덕적 정조로는 정의감·결벽감이 있으며, 그것이 채워지지 않았을 때의 분노도 있다. 과학적으로는 진리에 대해 놀람과 신비감이 있으며, 정당할 때에는 기분이 좋지만, 허위에 대해서는 불쾌감이 생긴다. 종교적으로는 신성한 느낌, 외경의 감정, 의거(依據)와 안심감, 불교적인 무상감(無常感), 감사의 감정, 신비감 등이 있다.

• 감정의 단어들을 예시

기쁨

감격스러운, 감동적인, 감사한, 고마운, 고무적인, 기쁜, 고전적인, 날아갈 듯한, 놀라운, 가벼운, 눈물겨운, 든든한, 만족스러운, 뭉클한, 반가운, 벅찬, 뿌듯한, 살맛 나는, 시원한, 싱그러운, 좋은, 짜릿한, 쾌적한, 통쾌한, 포근한, 푸근한, 행복한, 환상적인, 후련한, 흐뭇한, 흔쾌한, 흥분된 등

노여움

가혹한, 고통스러운, 골치 아픈, 괘씸한, 구역질 나는, 기분이 상하는, 꼴사나운, 끓어오르는, 나쁜, 노한, 떫은, 모욕적, 무서운, 배반감, 복수심, 북받침, 분개한, 분노, 불만스러운, 불쾌한, 섬찟한, 소름 끼치는, 속상한, 숨 막히는, 실망감, 쓰라린, 씁쓸한, 약 오르는 등

슬픔

가슴 아픈, 걱정되는, 고단한, 고독한, 고민스러운, 공포에 질린, 공허한, 괴로운, 구슬픈, 권태로운, 근심되는, 기분 나쁜, 낙담한, 두려운, 마음이 무거운, 멍한, 뭉클한, 미어지는, 부끄러운, 불쌍한, 불안한, 불편한, 비참한, 비탄함, 서글픈, 암담한, 앞이 깜깜한, 애석한, 애처로운, 애태우는, 애통한, 언짢은, 염려하는, 외로운, 우울한, 울적한, 음울한, 음침한, 의기소침한, 절망적인, 좌절하는, 증오하는, 지루한, 찹찹한, 참담한, 창피한, 처량한, 처참한, 측은한, 침통한, 패배다운, 한스러운, 허전한, 허탈한, 허한, 황량한 등

즐거움

가벼운, 가뿐한, 경쾌한, 고요한, 기분 좋은, 담담한, 명랑한, 밝은,
산뜻한, 상쾌한, 상큼한, 숨 가쁜, 신나는, 유쾌한, 자신 있는, 즐거운,
쾌활한, 편안한, 홀가분한, 활기 있는, 활발한, 흐뭇한, 흥분된, 희망찬 등

사랑

감미로운, 감사하는, 그리운, 다정한, 따사로운, 묘한, 뿌듯한, 사랑스러운,
상냥한, 순수한, 애틋한, 열렬한, 열망하는, 친숙한, 포근한,
호감이 가는, 화끈거리는, 흡족한 등

미움

고통스러운, 괴로운, 구역질 나는, 귀찮은, 근심스러운, 끔찍한, 몸서리치는,
무정한, 미운, 부담스러운, 서운한, 싫은, 싫증 나는, 쌀쌀한, 야속한,
얄미운, 억울한, 원망스러운, 죄스러운, 죄책감, 증오스러운, 지겨운, 짜증스러운,
차가운, 황량한 등

바라다

간절한, 갈망하는, 기대하는, 바라는, 소망하는, 애끓는, 절박한, 찜찜한,
초라한, 초조한, 호기심, 후회스러운, 희망하는 등

감정 피자

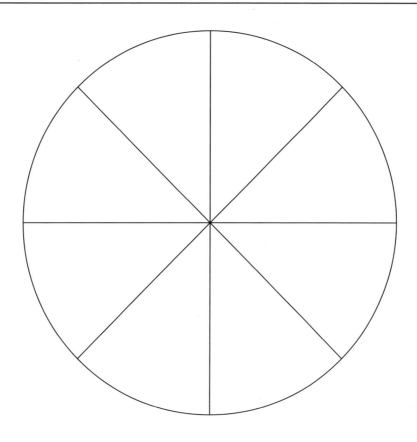

오늘 내가 느낀 감정들을 감정 피자에 적어보고 긍정적인 감정이 몇 개인가?

부정적인 감정이 몇 개인지를 파악해 보고 그 감정들이 왜 일어났는가?

탐색해 보는 시간을 갖자!!!

감정일지
자녀가 자신의 감정을 규명할 수 있도록 매일 감정일지를 작성하게 한다.

유형	월요일	화요일	수요일	목요일	금요일	토요일	일요일
행복한							
흥미로운							
흥분된							
돌보는							
애정							
사랑							
사랑받는							
열정							
감사하는							
뿌듯한							
자신감							
상처받은							
슬픈							
후회하는							
짜증 난							
화난							
분노하는							
역겨운							
경멸하는							
수치스러운							
죄책감							
시기하는							
질투하는							
불안한							
두려운							
기타							

〈출처〉: Emoton-Focused Therapy ; Coaching Clients to Wo가 through Their Feelings By L, S. Greenberg(p.130).

3. 의사소통 능력을 키울 수 있는 대화법을 익힌다.

의사소통(communication)이란 말은 '서로의 공통을 나누어 갖는다'라는 의미를 지닌 라틴어 'communis'에서 유래된 말이다. 보통 송신자와 청취자 사이의 대화를 말하기도 한다. 인간은 살면서 끊임없이 의사소통하면서 살아간다. 사람과의 관계에서 발생하는 표정이나, 언어, 동작 등도 모두 자기 뜻을 전달하기 위한 것들이므로 모두 의사소통에 포함된다고 할 수 있다.

그러므로 의사소통이란 두 사람 또는 그 이상의 사람들 사이에서 의사의 전달과 상호유통이나 상호교류가 이루어진다는 뜻이다.

따라서 의사소통이란 말 하고자 하는 자가 듣는이에게 사실, 생각, 감정을 알려주고 의사 교류를 통하여 공통적인 이해를 얻는 것을 의미한다.

자녀와의 관계에서 많은 부모님이 가장 어려워하는 부분이 '의사소통 문제'라고 이야기를 한다. '의사소통'은 서로 각자가 '가지고 있는 생각'이나 뜻이 서로 통하는 게 해야 하는데 서로의 의견을 통하게 하기란 쉽지가 않다.

언어라는 매개체를 통해 상호 간에 주고받는 정보 교류의 과정인데 어느 한쪽이 입을 닫아버리거나 자신의 의견이나 생각을 일방적으로 이야기를 하므로 의사소통은 힘들어지기 마련이다.

부모 자녀 관계는 서로에게 영향을 주고받는 상호적 교류 관계이며, 가장 기본적이고 밀접한 관계이다. 그렇기에 자녀와의 의사소통이 긍정적, 개방적으로 잘 이루어질수록 부모(코치) 자의 역할은 중요하다. 의사소통이 잘 되는 자녀는 심리적 안정감을 느끼고, 학교에서도 문제행동 발생률이 상대적으로 낮다.

자녀와의 의사소통 수준을 이해하면, 공감대 형성이 얼마큼 잘 되고 있는지 친밀감 수준은 어느 정도인지, 그리고 앞으로 무엇을 개선하면 좋을지에 대해 참고할 수 있다.

나와 자녀와의 의사소통 지수를 먼저 점검해 보자!		
	Y	N
나는 자녀와 대화를 하면 만족스럽다.		
자녀에게 잔소리하지 않는 편이다.		
자녀와 나는 어려운 일이 있을 때 서로에게 이야기한다.		
어려운 일이 생기면, 자녀는 숨김없이 부모에게 고민을 이야기하다.		
자녀와 격이 없이 지내는 편이다.		
갈등이나 말다툼이 생기면, 서로 양보하고 타협하고 들어주려고 한다.		
자녀가 나에게 하는 말은 전적으로 믿는다.		
자녀는 나의 말을 부정적으로 받아들이지 않는다.		
자녀와 나는 마음이 잘 통한다.		
자녀에게 공감과 경청을 잘한다.		

결과 체크 알아보기 : YES로 응답한 개수

[7개 이상] 자녀와의 상호작용이 원만하다.
[4개~ 6개] 의사소통에 큰 문제는 없지만, 간혹 오해하는 때도 있다
[3개 이하] 자녀와의 의사소통에 어려움이 있다

- **의사소통 지수를 높이는 부모코칭**

부모(코치)의 입장을 제시하기 전에 자녀의 생각과 느낌을 먼저 받아들이고, 있는 그대로를 인정하는 것이 효과적이다. 그렇다고 해서 자녀의 입장과 내 입장을 무조건 동일시해야 한다는 것은 아니다. 다만, 자녀를 존중하고 있다는 느낌을 전달하는 것이 중요하다. 이렇게 감정적으로 공감대가 형성된 후에는 좀 더 자연스럽고 원만하게 소통이 이루어 질수 있기에 다음의 대화법에 필수 기술들을 익혀야 한다.

1	정확한 공감 기법
2	무조건 긍정적 존중기법
3	반영하기(Mirroring) 기법
4	감정 다스리는 기법
5	나 전달법으로 이야기하기
6	정중하게 부탁하기

1. 정확한 공감 기법이란?

공감이란 복합적인 과정이기 때문에 자녀 관계에서 다양한 방식으로 사용된다. 공감이 효과적으로 사용되는 경우 자녀의 안정감, 자녀가 이해받는다는 느낌 그리고 부모에 대한 만족도를 증가시킨다.

공감적 이해는 다음 두 가지 주요한 단계를 포함한다.

| 1 | 공감적 라포르(Emapthic rapport) 상대방의 세계를 정확히 느끼고 상대방이 세상을 보는 방식대로 볼수 있는 단계(Cohart &Greenberg, 1997a, p13) |
| 2 | 의사소통적 조율(Communicative attunement) – 상대방이 이해한 내용을 상대방과 언어적으로 공유할 수 있는 단계 (Bohart &Greenberg, 1997a,p14) |

자녀가 이해받고 있다고 느낄 때를 과연 어떻게 알 수 있을까?
"응, 바로 그거야" 또는 "응, 정확히 맞어."의 반응을 했을 때 자녀가 잘 이해 받고 있다고 느끼고 있어야 한다.

그럼 어떻게 해야 이런 반응을 끌어낼 수 있을까?
정확한 공감은 자녀의 감정을 반영해 줄 뿐만 아니라, 즉각적인 의사소통 일부분이다.
예를 들어 자녀가 자신의 문제를 이야기하지 않고, 불필요한 이야기만 하고 있다면 다음과 같은 표현을 그 상황에 명백하게 반영해 주는 것이 필요하다.
코치 자(부모)는 자녀를 어떤 점에서 이해하고 공감하는가를 언어적으로 표현하여 공감적 이해를 구체적이고 직접 전달해야 한다.

"아하! ~때문에 ~하구나!"식의 공감 공식

> - 아하! 너가 친구 때문에 많이 힘들어하는구나!
> - 아하! 너가 공부 때문에 걱정이 많구나!
> - 아하! 너가 동생이 괴롭혀서 짜증이 많이 나는구나!
> - 아하! 너가 지금 외모 때문에 스트레스를 많이 받고 있구나
> - 아하! 너가 지금 아빠가 잔소리하는 것 때문에 짜증이 많이 나는구나!

　공감은 상대방과 더불어서 그의 고통을 이해하고 느끼는 것이므로 상대방(자녀)의 관점에서 자녀가 이해받는다는 느낌으로 진행하여야 한다.

● 공감에서의 주의점

　공감과 동일시를 혼동하지 말 것! 공감의 상태라는 것은 자녀(상대방)의 상처나 기쁨을 자녀가 느끼는 것처럼 느끼는 것이지 내가 상처받고 기쁘고 하는 등은 가정이라는 것을 절대 잊지 않아야 한다. 만일 이러한 가정적 속성을 잃어버리게 되면 그 상태는 동일시의 상태가 되어 버린다

2. 무조건 긍정적 존중기법

● 긍정적 존중이란?

　자녀 스스로가 가치 있다고 느끼게 만드는 것이다. 조건 없는 긍정적 존중은 자녀를 조건 없이 긍정적으로 존중해 주기를 뜻한다. 자녀를 있는 그대로 받아들여야 한다. '조건 없는 긍정적 존중' 말로는 쉬워 보일 수 있지만, 실천으로 옮기는 건 정말 어렵다.

> - 조건이 없다는 것.
> - 상대방에게 어떠한 조건도 요구하지 않는 것.
> - 타인을 마주할 때, 그 사람을 있는 그대로 수용하는 것.

"가능이나 할까?" 머리로는 너무 잘 이해되는데, "실제 내가 남을 조건 없이 수용하는가?"를 생각해볼 때, **"아니."**라고 답할 것이다. 이미 조건을 세워 따지고 있는 나 자신을 마주한다. 나는 평가받고 싶지 않아서, 있는 그대로 수용해주길 바라고 있으면서, 사람을 평가한다는 게 옳지 않다는 것을 알면서도. 자녀를 평가하고 있는 모습을 볼 수 있다.

무조건 긍정적 존중이란 자녀에게 긍정적인 감정을 느끼게 하는 것뿐 아니라, 이런 긍정적인 감정을 자녀에게 전달하는 것이 중요하다. 긍정적 존중은 자녀에게 스스로에 대한 존재감을 확인시켜 주기 위해 존경심과 긍정적인 태도를 부모(코치)가 자녀에게 전해주어야 한다는 것이다.

칭찬을 못 하는 이유를 보면 칭찬하면 교만해질까 봐, 하려 해도 적당한 표현이 떠오르지 않아, 도대체 칭찬할 거리가 없어서 등등 각종 이유가 칭찬을 가로막는다. 무엇보다 잘못된 것을 바로잡아 주는 게 부모(코치) 역할의 본질이라고 생각하다 보니, 눈은 자녀의 단점을 찾는 데만 예민해져 간다. 그런데 정말 큰 발전이나 성과를 이뤘을 때만 칭찬을 한다면 점점 칭찬할 일은 줄어들고 의욕은 낮아질 수밖에 없다.

칭찬받을 대상이 훌륭한지를 따지기 전에 내가 무엇에 주목하는지를 잘 살펴봐야 한다. 잘해서 칭찬하는 게 아니라 잘하라고 칭찬하는 것으로 칭찬의 근본적인 문제를 바꿔야 한다.

그렇다면 무엇을 어떻게 칭찬할 것인가?

칭찬은 어떤 일을 했을 때 그 사실을 칭찬하는 '사실 칭찬'과 역량이나 성품을 알아주는 '사람 칭찬'이 있다. 아래의 칭찬 방법들을 보자.

💡 3차원 칭찬법 – 사실(사람) 칭찬

1 잘하는 것(돋보이는 것) 칭찬 – 사실
2 이유 또는 (대비되는 면 칭찬) – 근거
3 그 사람의 특성(측면) – 성품

"지난번 과제 프레젠테이션 잘했네."는 사실 칭찬이고 "의견을 자신 있게 이야기했고 설득력 또한 탁월했어."라는 사람 칭찬이다. 팩트 차원의 사실 칭찬을 역량으로 바꾸면 사람 칭찬이 된다. 사실로 끝나는 것보다 그것을 가능케 한 태도, 역량, 품성의 차원으로 확장하면 칭찬 레퍼토리가 풍부해진다.

"승희는 참 일 처리를 잘하네."라는 칭찬은 그렇게 생각하는 이유를 덧붙여 "언제나 계획을 세우고 시간 관리를 잘해서 성실하고 책임감이 강한 사람으로 보인다."로 확장될 수 있다. 이렇게 '사실-근거-품'의 삼박자를 갖추면 칭찬이 탄탄해진다. 구체적으로 표현하면 할수록 칭찬은 그 사람의 가슴에 깊게 자리한다.

● **실제 코칭을 위한 연습**

당신은 주변 사람들에게 어느 정도의 긍정적 존중을 표현할 수 있는가?

얼마나 자주 "당신을 좋아해.", "함께 있어서 좋아.", "당신은 참 좋은 사람이야.", "너는 늘 나에게 기쁨을 줘서 좋아." 등과 같은 표현을 얼마만큼 하는지 체크 하고 현재 자녀에게 어떤 내용의 긍정적 존중을 표현하였는지 아래에 적어보자.

3. 미러링 (Mirroring) 기법

자녀의 마음을 움직이기 위해서는 자녀가 생각을 표현하는 방식, 질문하는 스타일, 판단하는 방식 등을 알고 이해해야 한다. 자녀가 선호하는 방식으로 의사소통을 하면 대화의 만족도가 올라가기 쉽다. '미러링 기법'이란 상대방이 하는 말속의 감정을 이해하고, 그것을 반영하여 표현하는 것이다. 하지만, 이것을 단순히 따라 하기로 오해하면 안 된다. 자녀의 이야기를 잘 들으면서 의미 있는 말에 대해 반영해 주는 것이 좋습니다.

예를 들자면, '아, 그렇구나. 그래서 ~그랬다는 거지?'처럼, 자녀의 말을 잘 이해하고 공감한다는 것을 표현하는 것이다. 언어적 표현 외에도 비언어적 신체 메시지를 표현하는 것이 효과적이며, 비언어적 메시지(눈 맞춤, 끄덕임, 미소 등)는 신뢰감 형성에 영향력이 더 높다.

- 아, 그렇구나. 너가 지금 시험을 잘 못 봐서 화가 난다는 거지?
- 아, 그렇구나. 너가 지금 친구랑 싸워서 우울하다는 거구나?
- 아, 그렇구나. 너가 지금 아빠한테 혼자서 짜증이 난다는 거지?
- 아, 그렇구나. 너가 지금 귀찮아서 아무것도 못 한다는 거지?
- 아, 그렇구나. 너가 지금 살이 쪄서 친구들이 놀린다는 거지?
- 아, 그렇구나. 너가 지금 게임을 하고 싶은데 부모님이 못하게 해서 화가 난다는 거지?

4. 부모(코치) 감정 다스리기

부모로서 스스로 자신의 감정을 다스리는 것은 자녀와의 공감대를 형성하는 데 필요하지만, 가장 어려운 일이기도 하다. 특히 사춘기 자녀와 대화를 하다 보면, 나도 모르게 '욱'하고 감정이 올라오기 마련이다. 이때에는 자신의 감정(화, 분노, 짜증 등)을 먼저 자각하고 돌아보는 것이 필요하다. 무엇보다 감정이 올라왔을 때 자신의 감정을 수용하고 존중하는 것이 효과적이다.

심호흡한다든지, 잠시 대화를 멈추고 그 자리를 피하는 것도 좋다(피할 때는 엄마가 지금 많이 화가 나는데 화가 가라앉은 다음에 편안하게 이야기하고 싶다고 나 전달법으로 이야기하여야 한다).

사람은 누구나 공감 능력을 갖추고 있지만, 현재 처한 환경과 스트레스, 이전의 부정적 경험, 신체적 피로감, 인내심 등으로 필요한 상황에서 잘 발현하기 어려울 수 있다. 사춘기 자녀 역시 감정 기복과 혼란으로 갈등 상황을 유발한다. 하지만 누구나 자신의 감정을 존중받기를 원하기에 공감대 형성을 위해 항상 고민하고 노력하는 자세가 필요하다. 더불어 사춘기 자녀 역시 자신도 조절하기 어려운 감정 기복과 혼란스러운 자아정체성으로 인해 정서적 어려움이 있으며, 부모와의 갈등 상황을 의도하지 않는다는 것을 인지하고, 자녀코치 시 자녀 스스로 모델링이 되어 자신의 감정을 다루고 있는 것을 보여주어야 한다.

자녀는 부모(코치)의 감정다루는 모습을 보며 따라 하게 되어있다. 그러므로 부모(코치) 스스로 감정을 인식하고 어떻게 대처했을 때 자신이 편하고 자신한테 맞는 스트레스 대처방안을 찾아야 한다.

5. 나 전달법으로 이야기하기

나-전달법(I-Message)이란 내가 문제를 소유했을 때 사용하는 기법이다.

상대방과의 관계에서 내가 화가 나거나 문제의식을 지닐 때 사람들은 흔히 너-전달법(You-Message)'너'를 중심으로 하는 표현을 사용하여 상대방의 행동을 표현함으로써 상대방을 공격, 비난한다는 느낌을 전달하기 쉽다. 이와는 달리 나-전달법' 나'를 중심으로 하는 표현을 사용하여 상대방의 행동과 관련된 자기 생각이나 감정을 표현하는 대화방식이다. 상대방에게 개방적이고 솔직하다는 느낌을 전달함으로써 상대방과 관계된 문제해결에 더욱 효과적일 수 있다.

1 나-전달법은 언제 사용하나?

상대방이 별로 잘못했다고 생각하지 않거나 문제가 될 만한 일이 못 된다고 생각하고 있음에도 내가 생각하기에 문제가 되거나 잘못이 된다고 생각할 때 상대방과 관련된 문제를 해결하기 위해 대화할 때 사용한다.

2 나-전달법 사용의 원리

나-전달법 = 행동 + 영향 + 감정

나 전달법을 사용할 때는 문제가 되는 상대방의 행동과 상황을 구체적으로 말을 하는 것이 좋다.

3 나 전달법 사용시 주의 사항

– 이때 어떤 평가, 비판, 비난의 의미를 담지 말고, 객관적인 사실만을 말하는 것이 좋다.

– 상대방의 행동이 자신에게 미친 영향을 구체적으로 말 해야 한다.

– 이런 영향 때문에 생긴 감정을 솔직하게 말해야 오해가 생기지 않는다.

4 나-전달법의 장점

– 방어심리의 감소 : 나-전달법은 상대방을 직접 판단, 평가, 공격하는 것이 아니기 때문에 방어심리를 덜 유발한다. 상대방은 너-전달법의 경우 보다는 나-전달법을 통해 훨씬 편안하게 대화할 수 있다.

– 솔직성 : 누구든 솔직한 이야기를 들으면 함께 솔직해지기 쉽고 훨씬 진지하게 대화에 임할 수 있다.

– 완전성 : 너-전달법처럼 단순히 '~하다.'라고만 단정적으로 말하는 것이 아니라 전후 사정과 그것에 대한 나의 의견까지 알려주는 것이기 때문에 나-전달법은 완전한 메시지라고 할 수 있다.

💡 나-전달법

예시

엄마: 너가 화를 낼 때 엄마는 마음이 아프단다.

자녀: 엄마가 잔소리하니 나의 마음은 짜증이 나.

엄마: 너가 엄마 말을 안 들었을 때 엄마는 나를 무시하는 것처럼 느껴져.

자녀: 엄마가 공부하라고 하니 나는 스트레스를 받아.

엄마: 너가 게임만 하면 엄마 생각에 눈도 나빠지고 공부에 지장이 갈까 걱정이 .

● 실제 코칭을 위한 연습

"당신은 주변 사람들에게 어느 정도의 나 전달법을 표현할 수 있는가?"를 탐색하고 현재 자녀에게 어떤 내용의 나 전달법 기법을 표현하였는가? 아래에 적어보자

---

6. 정중하게 부탁하기

사회생활을 하다 보면 부탁할 일들이 참 많죠? 하지만, 부탁을 잘하는 사람도 있는가 하면 타고난 성격 탓에 부탁을 잘하지 못하는 사람도 있다. 그래서 거절하기 힘든 정중한 부탁 방법에는 어떠한 것들이 있는지 알아보자.

1 일단 먼저 칭찬하라.

사람은 누구나 칭찬받기를 좋아한다. 그래서 가식적으로 느껴짐에도 불구하고 칭찬을 받으면 기분이 좋아진다. 연구에 따르면 아부하는 칭찬이라 할지라도 비난하는 사람들보다 더 호의적이라고 밝혀졌다. 그래서 그 사람에게 부탁할 땐 먼저 칭찬을 하고 호의를 보여주어야 한다.

2 부탁하기 전에 상대방을 먼저 파악하자.

상대방이 어떤 상황인지, 그리고 부탁할 내용은 무엇이며 부탁해야 하는 이유는 무엇인지, 언제 부탁할 것이고 어디서 부탁할 것인지를 먼저 파악을 한다면 부탁했을 때 거절당하지 않을 확률이 높다.

---

3 인상(이미지)을 좋게 하자.

부탁하기 위해서는 상대방에게 나라는 사람이 좋은 인상으로 보여야 한다. 인상에 따라 부탁의 성패가 달려 있다고 보면 된다. 사람을 겉모양만 보고 판단 해서는 안 되지만, 우리는 본능적으로 착하고 믿을 수 있는 사람에게 호의적이다.

4 상대방이 부탁을 거절하더라도 스스로 감정을 상하지 말자.

내 부탁이 모두 받아들여지지 않는 것은 누구나 다 아는 사실이다. 그 한 번뿐인 부탁을 거절했다고 해서 상대방을 차갑게 대하거나 감정이 동요된 모습을 보인다면 다음 부탁할 기회를 이미 놓친 것이다. 그래서 부탁을 거절하더라도 감정적인 동요는 하지 말아야 한다. 다음에 어떤 부탁을 해야 할 상황이 올지 모르는 일이다. 이건 아마 상대방도 아는 사실이어서 상대방도 계속 거절하기는 쉽지 않을 것이다.

💡 정중하게 부탁하기

엄마: 너가 화를 낼 때 엄마는 마음이 아프단다.

– 너가 화를 내면 엄마가 마음이 아프니 엄마는 너가 화를 안 내고 차근차근 이 일으켜 주면 좋겠는데 그렇게 해 줄 수 있겠니?

자녀: 엄마가 잔소리하니 나의 마음은 짜증이 나.

– 엄마가 잔소리하면 나는 걱정으로 들리기보다는 짜증이 나니 잔소리를 안하고 나에게 구체적으로 해야 할 것을 부탁해 주면 좋겠어! 엄마? 그렇게 해 줄 수 있겠어?

엄마: 너가 엄마 말을 안 들었을 때 엄마는 나를 무시하는 것처럼 느껴져.

– 너가 엄마 말을 안 들으면 엄마는 무시한다는 생각이 드는데 그런 느낌이 들지 않도록 엄마 말을 들을 수 없는 상황이라면 구체적으로 너의 상황을 이야기 해주었으면 좋겠는데, 그렇게 해 줄 수 있겠니?

엄마: 너가 게임만 하면 엄마 생각에 눈도 나빠지고 공부에 지장이 갈까 걱정이 돼.

– 너가 게임만 하면 눈이 나빠지고 공부에 지장이 갈까 걱정이 되는데 조금 줄일 수는 없을까?

● 실제 코칭을 위한 연습

"당신은 자녀(주변 사람)에게 어느 정도의 정중하게 부탁을 하고 정중하게 거절을 하고 있는가?"를 탐색하고 현재 자녀에게 어떤 방법으로 정중하게 부탁하고 있는지 아래에 적어보자.

1	
2	
3	
4	
5	
6	
7	
8	
9	
10	

학습
Learning

**자녀 사고력을 키우는
다양한 학습법**

▮ 자녀 사고력을 키우는 다양한 학습법

자녀들의 정서를 알고 마음이 편안해 짐을 알면 더 잘 살고 싶은 욕구가 생긴다. 자녀들이 학교에서 공부하며 힘들어하고 자존감이 낮아지고 있기에 우리 부모들은 내 자녀를 위한 다양한 공부법들을 익히고 있으면 도움이 될 수 있기에 다음의 공부법들을 소개하고자 한다.

1. 학습고원

수평을 이루어 일정 기간 진보가 정체되어 학습효과가 나타나지 않은 현상이다. 고원현상 시기에는 지식이 머릿속에 들어와 있는데도, 생각과 달리 쉽게 꺼내어 쓸 수 없고, 원래 알던 것까지 까먹은 듯한 모습을 보여 학생들이 초조함이 나올 수 있다. 그러나 겉으로 표가 나지 않을 뿐, 뇌는 지금도 부지런히 지식을 정리해서 사용할 수 있는 형태로 바꾸는 작업을 하고 있다. 학생들은 이 시기를 잘 극복해야 한다. 공부를 잘하기까지 몇 가지 단계가 필요하다. 첫째, 목표설정을 하고 진로 탐색을 통해 동기부여를 갖는다. 둘째, 수준별 맞춤학습으로 학습플래너를 계획하고, 자기 주도 학습을 해야 한다. 셋째, 자신에게 맞는 학습법을 정해 자신만의 공부법을 갖는다. 이 과정을 거쳐 성적향상이 된다.

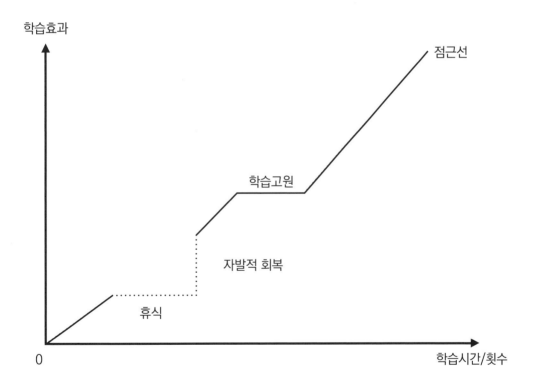

2. 게이미피케이션(Gamification)

게이미피케이션은 전문가가 게임이 아닌 분야에 대한 지식 전달, 행동 및 관심 유도 혹은 마케팅 등에 게임 요소를 접목하여 학습에 흥미를 줄 수 있다. 시각적 이미지는 인간의 뇌가 학습하기에 가장 좋은 수단 중 하나이다. 수업 후에 조를 나누어 16개 4×4 혹은 25개 5×5칸에 빙고 게임 형태로 핵심단어를 정리하게 하고 빙고 게임을 진행하며 주요 내용을 복습할 수 있다. 이렇게 게임을 활용한 교육 방식(Gamification)은 학습자들이 도전, 경쟁, 보상 등의 게임적 요소를 통해 학습에 몰입하게 된다.

사례1

H고등학교 영어 선생님은 항상 수업하고 나면 좌절감에 빠지곤 했다. 다른 과목을 공부하고 있는 학생과 수업 시간에 집중하지 못한 학생들에게 게이미피케이션을 적용해보고 싶었다. 누구나 쉽게 할 수 있는 빙고 게임을 (5×5=25개) 수업이 끝나기 10분 전에 시도했다. 오늘 수업 시간에 배운 지문에서 생각나는 단어 25개를 빙고 게임 용지 위에 쓰게 했다. 다 쓴 용지는 앞, 뒤, 옆줄 학생들과 바꾸어 자신의 빙고 용지가 아닌 친구의 빙고 용지를 가지고 게임에 임하게 했다. 물론 가장 빨리 25개를 지우는 학생에게는 도서상품권을 주기로 했다. 학생들이 적극적으로 참여하여 수업 시간에 배운 내용을 학습하는 결과를 만들어 냈다. 학생들이 자신의 위상을 한번 누려보고 싶다는 생각을 만드는 것이 바로 이런 게이미피케이션이다.

BINGO

퀴즈 서바이벌 게임이 있다. 암기해야 하는 내용을 영어단어라고 설정하고, 상대방에게 자신이 가지고 있는 단어를 한국말로 설명해서 자신의 자료를 0으로 만드는 쪽이 이기는 게임이다. 자신이 가지고 있는 단어를 설명하다보면 단어에 대한 접근이 쉬워지고 기억력도 향상할 수 있는 게임이다. 문제를 만들 때는 자신이 쉽게 설명할 수 있는 단어를 선정하는 것이 최후 승리자가 될 수 있다.

3. 퍼실리테이션(facilitation)

전체의 흐름과 핵심내용을 글과 그림으로 표현하는 방법이다. 즉, 가르치는 일을 쉽게 하는 것이 아니라, 학습자가 학습이 좀 더 쉽고 효과적으로 될 수 있도록 돕는 것이다. 선생님이 수업자료를 설명하지 않고, 학생들에게 수업 내용을 검토하게 한 뒤 이해되지 않거나 궁금한 점을 정리해서 질문하게 하고, 선생님께서 답을 하는 그룹탐구법이 있다. 학생들에게 질문을 먼저 생각하게 하고 선생님께서 질문에 답하면서 설명을 할 수 있도록 순서를 바꿈으로써, 학생들의 관심과 호기심을 자극하는 것이다. 또한, 학생들에게 상세한 학습 내용을 설명하고, 학습 내용을 인지한 학생이 다른 학생에게 가르치도록 하는 퍼즐 학습법도 있다. 오픈 북 테스트처럼 학습자들에게 문제지를 주고, 책이나 교재, 인터넷 등의 학습자료를 찾아서 문제를 풀게 하는 정보탐색법 등 다양한 러닝 퍼실리테이션 학습법들이 있다.

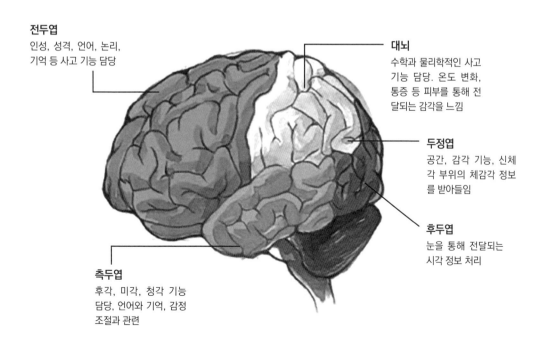

전두엽
인성, 성격, 언어, 논리, 기억 등 사고 기능 담당

대뇌
수학과 물리학적인 사고 기능 담당. 온도 변화, 통증 등 피부를 통해 전달되는 감각을 느낌

두정엽
공간, 감각 기능, 신체 각 부위의 체감각 정보를 받아들임

후두엽
눈을 통해 전달되는 시각 정보 처리

측두엽
후각, 미각, 청각 기능 담당, 언어와 기억, 감정 조절과 관련

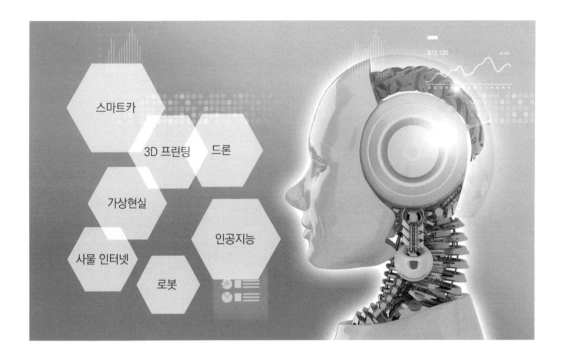

여기서 보이는 이미지 속 텍스트: 스마트카, 3D 프린팅, 드론, 가상현실, 인공지능, 사물 인터넷, 로봇

4차 산업 인공지능에 대한 미래 산업의 변화에 대해 정보탐색 법을 사용하여 과제를 냈는데 학생들이 조사한 내용을 정리해보았다. 학생들은 미래 전망에 대해 5가지를 조사하여 발표했다. 첫째, 제조업의 변화이다. 4차시대 이전 제조업은 어느 정도 자본을 구축한 자본가의 전유물이었다. 그런데, 4차 산업 시대에 들어서면 3D 프린팅과 같은 4차 산업 기술을 집에서도 제조할 수 있게 된다. 지능형 공장을 현실화하여 기존의 자본가들과 경쟁할 수 있는 시대가 온 것이다. 둘째, 로봇의 발달이다. 인간이 하기 힘든 위험한 작업, 청소, 노인보조 등은 AI 기술을 탑재한 로봇에 의해 이루어진다. 셋째, 비트 세계와 아트 세계의 융합이다. 비트 세계라고 일컬어지는 온라인 세계, 아톰 세계가 하나가 된다. VR과 3D 프린팅 기술로 인해 온라인상의 정보와 기술이 현실의 나와 온라인상의 내가 하나 되어 경험해 보지 못한 새로운 경험을 해보게 되는 것이다. 넷째, 의료서비스 변화이다. 인공지능의 발전으로 IBM이 개발한 AI 의사 왓슨은 현재 고도의 정보망 및 기술력으로 환자 개인에 맞는 양질 의료서비스를 제공하고 있다. 다섯째, 일자리 감소와 기본 소득금액 지급이다. 단순 반복적이고 노동 강도가 힘들었던 분야들이 모두 자동화로 대체되어 로봇이 일하게 되고, 인간은 노동으로부터 해방되어, 기본소득 금을 받게 된다. 대신 로봇세를 내야 한다. 학습의 주체가 학생이 되는 것이 페실리테이션이다.

storytelling Example 1

opening (주제선언)	저는 지금부터 열정과 성실함에 대해서 말씀드리겠습니다.
storytelling (예화)	지난 수십억 년 동안 그래왔던 것처럼 태양은 한순간도 멈추지 않고 빛을 비추어왔습니다. 태양과 같은 열정과 성실함이 저의 특성 입니다.중학교 때부터 시작한 영어공부 하루도 거르지 않고 공부했습니다. 처음에는 문법을 알기 위해 학원을 다니며 단순 암기하기 보다는 이해를 하며 반복학습을 했습니다. 책을 두 권을 사서 한 권은 선생님께서 설명해주시는 내용을 책에 적었습니다. 그리고 집에 와서 다른 책을 보면서 강의 내용을 그대로 소리 내어 저 자신에게 설명해보았습니다. 이 과정에서 아는 것은 확실하게 설명할 수 있는데 모른 것은 설명 그 자체가 어려웠습니다. 그러면 다시 배운 책의 내용을 보면서 선생님께서 강의하셨던 내용을 이미지화하여 기억을 되살려보았습니다. 되살아난 기억들을 다시 피드백 하여 확실시 배운 내용을 이해하게 되었습니다. 영어단어를 외우는 것은 인내력이 있어야 한다고 생각합니다. 처음 단어를 외울 때는 하루 외울 양을 정해 무턱대고 암기했습니다. 그리고 3~4일 후에 보면 생각나는 단어는 얼마 되지 않았습니다. 너무 비효율적이라는 생각이 났습니다. 단어를 외울 효율적인 방법을 찾던 중 단어를 몰아서 외우지 않고 분산시켜 암기했습니다. 가령 일주일 동안 외울 단어가 140개라면 하루에 20개씩 암기하는 것입니다. 오늘 20개를 외울 때 어제 암기한 20개를 살펴보아 생각나지 않는 단어를 오늘 외울 20개에 포함해서 외우고 백지에 단어를 계속해서 써보았습니다. 습관화가 형성되어서 지금은 토익을 풀 수 있을 정도의 단어를 머릿속에 저장하게 되었습니다. 독해는 지문 각 단락에서 핵심단어를 뽑아내어 각 단어의 연관성을 살펴보고 그 단어들로 문장을 만들어 글로 써봅니다.

	그러면 창의력도 늘어나고 공부에 흥미를 더욱 가질 수 있는 동기가 생겼습니다. 가령 각 단락에서 뽑아낸 단어가 **의사, 수술, 제인, 몸, 스폰지, 울음**이라는 단어가 있다면 의사가 수술을 했는데 제인 몸에 스폰지가 있어 울었다라는 문장을 연상할 수가 있는 것입니다. 이런 식으로 꾸준함을 가지고 학습하자 성적이 향상될 수 있었습니다. 독해의 또다른 방법으로 문법에 의존하지 않고 육하원칙을 이용해서 앞에서부터 끊어서 빨리 소리를 내어 읽어나가는 훈련을 계속했습니다. 이런 방법이 습관화되어 발음과 영작, 그리고 독해속도가 빨라지고 학교 내신과 다른 과목의 향상으로 이어질 수 있었습니다.
closing (주제반복)	어떤 일이든 열정만 있어서 안 된다고 생각합니다. 성실함이 있어야 한다고 생각합니다. 태양처럼 하루도 거르지 않는 성실함을 바탕으로 진학에 대한 목표를 이루어 나가고 있습니다.

storytelling Example 2

opening (주제선언)	저는 지금부터 열정과 꾸준함에 대해서 말씀드리겠습니다.
storytelling (예화)	직장을 다니다가 늦은 나이 자기계발을 위해 대학에 진학하게 되었습니다. 무슨 교양과목을 들어야 할지 여러모로 고민하다가 멘토의 도움을 받아 학생들에게 열정적인 강의를 하시는 영어 교양과목을 수강하게 되었습니다. 교수님께서 강의하는 내용이 낯설고 어렵게만 느껴졌습니다. 이왕 시작한 것 도전의식을 가지고 수업 시간에 배운 내용을 교수님께 질의도 하고, 발표 등을 통해 학우님들에게 제가 공부하는 방법에 대해 공유했습니다. 단어도 암기해보고 독해도 수업 내용에서 배운 방법으로 해석해 보았습니다. 오랜 시간 동안 뇌에서 멀어졌던 에너지가 솟아 나오는 것을 느낄 수가 있었습니다. 문득 고 정주영 회장 말이 생각났습니다. "해보기나 해 봤어?" 그렇습니다. 나이가 많다고 생각하고, 지금, 이 나이에 영어공부를 해서 무엇 하려고, 나태하게 생각했던 저 자신에게 부끄러움을 느꼈습니다. 꾸준히 기초적인 원서를 읽으면, 패턴 생활영어를 꾸준히 보니 이제는 간단한 생활영어는 할 수 있다는 자신감이 생겼습니다. 혹독한 시련을 견디면서 한 송이의 아름다운 꽃을 피우기 위해 몸부림치는 꽃처럼 영어에 몸부림치는 열정을 가지게 되었습니다. 지난날 열정을 가지고 주어진 일에 최선을 다한 모습이 주마간산을 스쳐 지나가듯 아른거립니다. 1 주차 강의 시간에 교수님께서 하신 말씀이 생각납니다. "여러분의 최선과 저의 최선이 열정이 꾸준함으로 이어져 우리의 희망을 찾아보자."는 말씀이 새삼 떠오릅니다. 이번 학기가 끝나더라도 꾸준함을 가지고 패턴 생활 영어를 익혀 한국을 찾는 외국인들과 대화하는 저의 그려보겠습니다.
closing (주제반복)	어떤 일이든 열정만 있어서 안 된다고 생각합니다. 성실함이 있어야 한다고 생각합니다. 태양처럼 하루도 거르지 않는 성실함을 바탕으로 진학에 대한 목표를 이루어 나가고 있습니다.

5. 하브루타 학습법

히브리어로 친구 또는 짝을 뜻한다. 하브루타 학습법은 뇌를 격동시키는 학습방법이다. 끊임없이 질문하며, 서로의 사고를 확장 시키는 과정을 통해 뇌를 능동적으로 활동하게 해 주는 것이다. 말하기 학습법은 학교뿐만 아니라 가정에서도 활용할 수 있다. 아이의 생각을 가로막는 말을 하지 않도록 유의하고, 시간을 내서 자녀와 한가지 주제를 놓고 깊이 대화하는 시간을 가져보는 것이 하브루타 학습법이다.

사례

H 윤리 선생님은 수업 시간에 학생들과 경청을 주제로 토론 수업을 했다. 선생님은 경청의 사례로 중국 최초로 한나라 왕이 된 유방의 이야기를 들려주었다. 그 시대 최대 숙적 유방은 해하전투를 앞두고 참모들에게 동의를 구하는 물음 "어떠냐?"(何如)를 통해 경청했지만, 참모들에게 동의만 구했던 항우의 물음 "어떻게 하지?"(如何)를 통해 경청하지 않았던 항우는 유방의 참모가 만든 술책에 걸려들어 전투에 패한다. 이 내용을 들려주고, 짝을 지어 토론하고 논쟁하게 했다. 이른바 '하브루타' 교육 방식이다. 하브루타의 핵심은 '2명씩 짝을 지어 파트너십으로 공부하는 것이다. 교사는 학생들이 토론하다 막혔을 때 대답해주는 정도만 개입한다. 토론을 통해 학생들은 상대의 이야기를 잘 듣는 것은, 무엇을 말할 수 있는지를 이해할 수 있고, 상대의 관점에서 말을 잘할 수 있게 하는 배려심을 배운다. H교사는 "강의를 들으면 5%밖에 기억에 남지 않지만, 서로 가르쳐주면 90%가 기억에 남는다는 연구 결과가 보고되고 있다." 며 "학생들끼리 서로 설명하면 아는 것과 모르는 것을 정확히 알게 되고 다양한 풀이법을 알게 돼 학습 효과가 뛰어난다."고 말했다. H교사는 또 "남에게 질문하고 토론하려면 생각을 해야 해서 두뇌가 끊임없이 활동하며, "하브루타를 꾸준히 하면 아이들의 잠자는 뇌가 깨어나고, 창의성도 좋아질 것."이라고 말했다.

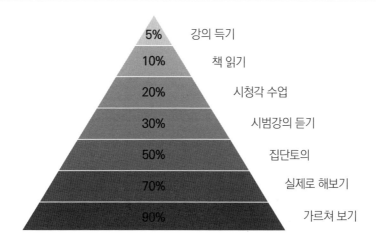

5%	강의 듣기
10%	책 읽기
20%	시청각 수업
30%	시범강의 듣기
50%	집단토의
70%	실제로 해보기
90%	가르쳐 보기

6. 플립러닝(거꾸로 수업) 학습법

배운 내용을 친구에게 설명하는 과정은 학생들에게 자기가 생각하고 있는 원리를 깊게 이해하게 한다. 거꾸로 수업은 배운 내용을 이미 알고 있는 내용 혹은 수업시간에 배운 내용을 학습파트너에게 설명하는 것이다. 학습에 대한 서로의 경험을 나누는 것, 자체도 유용한 학습이 된다. 관심 있는 이슈를 가지고 서로의 의견을 나누면 상대방의 의견도 존중할 수 있는 능력을 키울 수 있다. 그리고 주어진 문제를 협업을 통해 문제를 해결할 수 있는 능력을 배울 수 있다. 또한, 플립러닝은 서로의 주장에 대해서 비평을 하면서 서로 가르치며 배울 수 있다.

정의

<table>
<tr><td>오프라인에서 강의를 듣고
집에서는 복습을 하는 형태</td><td>온라인을 통해 선행학습 뒤
오프라인에서 교수와 토론식 강의를 진행</td></tr>
</table>

기존 수업과 정반대인 역진행 수업방식

사례

여기 한 학생이 있습니다. 이번 시험에서 1등을 할 겁니다. 이 학생이 한 말이 어떻게 들리시나요? 당연히 기특한 생각이죠. 진취적인 학생인 것 같네요. 1등이라는 제한적 목표밖에 실천하지 못하는 것은 전략적 학습자일 뿐이라고 미국의 교육 전문가 켄 베인 교수는 말합니다. 전략적 학습자는 틀을 깨는 창의적인 인재가 되기 어렵습니다. 스스로 깨닫고 발전하는 '딥러너(deep learner)'를 키워야 창의성이 꽃필 것입니다. 에이, 창의성이 아무나 있나요? 맞아요. 창의력은 아무래도 타고 나야 하는 거 같은데…. 그렇지 않습니다. 모든 인간은 고유한 창의성을 가지고 태어납니다. 물론 후천적으로 그것은 더욱 발전시켜줘야 합니다. 대다수 국가가 교사, 교수 한 명이 다수의 학생에게 일방적 지식을 전달하는 식의 교육을 하는데, 이것은 오히려 창의성을 죽입니다.

이런 학습은 대부분 지식 활동의 가장 낮은 단계인 '암기력'만 시험할 뿐 창의성을 끄집어내지 못합니다. 창의성은 암기력뿐만 아니라 지식을 스스로 분석, 적용, 평가하는 단계를 모두 경험해야 발현할 수 있습니다. 딥러닝 하는 학생을 키우려면 '성장형사고(growth midset)'를 갖게 해 주는 것이 중요합니다. 아이가 어릴 때부터 '성장형사고'를 가지면 "나는 지금 이만큼 밖에 모르지만, 더 나아질 수 있다는 생각."을 갖고 배움에 임합니다. 반대로 '고정형사고(fixed)사고'는 재능은 타고나며 바뀌지 않는 것"이란 생각입니다. 이런 생각을 주입받는 아이는 "내 수준은 여기까지야."라고 결론짓고 생각의 창을 닫아버립니다. 부모나 교사가 "넌 참 똑똑하구나!" 하는 칭찬은 아이들에게 고정형사고를 부추긴다는 연구 결과가 있습니다. 아이의 머릿속에 "재능은 타고 나는 것"이란 인식을 심어 주기 때문입니다. 아이가 노력하는 과정을 짚어서 칭찬해주면 아이 스스로 어떤 노력이 어떻게 성장으로 이루어졌는지를 파악하게 이끌어 줍니다. 네가 그동안 참 열심히 공부하더니 이렇게 좋은 성적을 받았구나. 네가 계획한 계획표를 실천하려고 노력하는 모습이 참 기특했단다.

○○대 사범대 10동 106호. 사방이 화이트보드로 둘러싸인 특별한 강의실입니다. 권○○ 수학교육과 교수의 "정수론" 수업입니다. 한 조에 한 명씩 나와 증명법으로 화이트보드에 쓰고 풀이 방식을 설명해 보세요. 이 수업 방식은 기존의 교수가 설명하고 학생이 풀던 방식과는 정반대입니다. 교수와 학생의 역할이 뒤바뀐 것이죠. 이른바 '플립러닝(flipped learning)'입니다. 권 교수는 기존 수학자가 만들어 놓은 공식을 적용해 문제를 풀지 않고, 자신만의 증명을 시도한 학생을 높게 평가합니다. 실 수학적 창의성은 한 가지 수학 문제를 다양한 방식으로 풀 때 발현됩니다. 하지만 학생들은 곧 플립러닝의 매력을 알게 되었습니다. 내 생각대로 풀이 과정을 썼는데 자꾸 칭찬을 받으니까 너무 재밌어서 새벽 2시까지 수학 문제를 풀기도 합니다. 남들이 풀어온 여러 방식을 보면서 제 생각도 점점 발전시키고, 시야도 넓어지는 것 같습니다. 학생들은 소규모 그룹으로 나눠 난생처음 마주하는 문제를 스스로 풀게 해보세요. 문제해결을 위해 협력하는 과정에서 중요한 실패를 경험할 것입니다. 기존에 없는 새로운 해결책을 찾기 위해 딥러닝에 빠져드는 그 순간 창의성이 발현될 것입니다.

7. 레토릭법

레토릭, 수사적 장치는 글에서 주장하거나 표현해야 할 결론을 독자가 바르게 이해하도록 유도하는 언어표현 기법으로 설득의 도구다. 어떤 주제에 대해 자신 생각을 단정 지어 버리기보다 자신 생각과 상대방에게 의견을 한 번 더 물어보게 하는 방법이다. 바로 상대방 본인 입으로 말을 해서, 상대방도 나의 의견과 생각에 동의한다고 느끼게 만드는 것이다.

사례

지니: 우리 교장 선생님 너무 시대에 뒤지지 않았어? 너무 구시대 사람이야. 시대에 한참 뒤떨어졌어. 학생들에 대해서도 이해심도 없고, 요즘 흐름을 읽을 줄 몰라.

여우: 나도 그렇다고 생각은 해, 그래도 한편으로 보면 그렇게 자기 위상을 지켰으니까 교장이라는 자리를 지금까지 지키고 있겠지. 그렇지 않아?

이렇게 이야기를 하게 되면 상대방 본인 입으로 교장 선생님을 험담했기 때문에 지니 의견과 생각에 여우가 동의한다고 느끼게 만드는 것이 레토릭 학습법이다.

8. 브레인스토밍

나무라는 제시어가 주어졌을 때, 나뭇잎, 뿌리, 줄기, 열매, 숲, 휴양지 등, 나무와 관련된 것들만 떠올리는 것을 주제별 연상이라고 한다. 반면에 나무와 직간접적으로 관련 없어 보이는 단어나 나무에 대한 느낌, 나무에 대한 상상의 영역까지 모두 적는 활동을 자유연상이라고 한다. 기억력과 교과목 복습에는 브레인스토밍을 적용하여 다양한 화제나 이야깃거리 등을 구상하여 적용해보면, 기억력 향상에 도움이 된다. 이처럼 브레인스토밍은 집단의 구성원들이 하나의 구체적인 문제에 초점을 두고 가능한 많은 아이디어를 생성해내기 위한 기법이다.

	평범함	쓸만한	기발한
키워드	축제 + 추억 + 즐거움	겨울 바다 + 추억 + 사진 + 설레임 + 힐링	먹방 + 사진찍기 + 따뜻한 음식 + 스트레스 풀기
아이디어 도출	겨울 시즌 축제를 통해 추억을 남길 수 있는 여행	겨울 바다, 겨울 캠핑 등 자연에서 추억을 남길 수 있는 힐링 여행	맛있는 겨울철 음식을 먹고 사진을 찍어 이벤트도 참여하는 먹방 여행

다음 단어를 보고 자유연상을 통해 떠오르는 연상되는 말을 채워보고, 짤막한 문장으로 연결해보자.

제시어: 강남, 백종원 음식점, 많은 사람

음식: 맛있어서, 저렴해서, 먹음직스럽게 보여서, 청결해서, 음식 플레이팅이 예뻐서, 메뉴가 다양해서, 재료가 신선해서 ....

서비스: 친절해서, 직원이 잘생겨서, 주문한 음식이 빨리 나와서, 리필이 되어서, 양과 질이 좋아서...

마케팅: TV에 자주 나와서, SNS에 많이 나와서, 후기가 좋아서, 이벤트를 많이 해서...

환경: 인테리어가 고급스러워서, 주변 문화 시설이 좋아서, 주차장시설이 좋아서, 청결해서…….

이런 방법으로 제시어를 가지고 수업과 관련된 화제나 이야깃거리 등을 구상하여 적용해보면 기억력과 창의력이 좋아질 수 있다.

문장구성: 강남 백종원 음식점은 왜 많은 사람으로 붐빌까?

9. 전습법 & 분수법

💡 전습법

(국어, 영어독해, 국사, 독서 등) 책 한 권을 처음부터 끝까지 전부 공부하는 방법이다. 학습할 재료가 국사처럼 전체 내용이 일정한 흐름에 따라 전개될 때 사용하면 효과적이다. 내용의 전체 흐름을 마인드맵 하여 이해하면 머릿속에 저장된 기억 사이에 연관성이 늘어나 기억력 감소가 낮아지고, 반복 학습할 때 시간과 노력도 줄어든다.

머릿속에 쌓인 지식이 많고 축적된 경험이 많을수록 전습법은 효과를 발휘한다. 예를 들어, 전습법 방식으로 영어독해를 공부한 후 곧바로 영어독해를 공부하는 것은 아직 기억력 감소가 높지 않으므로 효율적이지 않다. 전습법은 깊게 공부하는 것이 효율적이다. 공부는 일반적으로 1시간에 5~7쪽 정도의 분량으로 하는 것이 좋다. 공부한 내용은 목차만 보고도, 또는 보지 않고도 해당 과목의 내용을 전부 머릿속에 떠올릴 수 있어야 한다. 그리고 누군가에게 설명한다는 생각으로 말로 표현해 보는 습관을 갖는 것도 학습에 많은 도움이 된다.

💡 분습법

분습법은 학습 재료를 수십 번으로 분리해서 공부하는 방법이다. 즉, 학습할 내용을 목표를 세워 조금씩 습득해가는 방법이다. 학습 재료가 서로 관련성이 적고 많은 내용으로 되어있고 복잡하며 학습자의 수준에 비해 어려울 때 사용하는 방법이다. 분습법에 효과적인 과목은 수학과 영어 회화로 반복 학습을 할 때 시간 간격을 두고 분산해서 공부해야 한다. 오늘 공부한 내용을 다음날 반복해서 보고, 그리고 며칠 후에 반복하는 형식으로 시간 차이를 두고 반복 학습한다.

○○군의 사례

○○학생은 pattern 생활영어 200개를 매일같이 꾸준히 하루에 5개 패턴 구문을 외우기로 했다. 200개의 패턴 구문을 두 달에 몰아 외워봤는데, 그때는 200개가 거의 머릿속에 장기기억으로 남아있었다. 머릿속에 저장되어있는 거로 생각되었기에 학습한 후로 보지 않고 책장에 넣어두었다. 3개월이 지난 후 다시 책을 잡고 쭉 살펴보니 거의 전에 외운 구문들이 생각나지 않았다.

생활영어는 단시간에 학습되는 것이 아니고 시간 날 때마다 조금씩 학습하는 과목이라는 것을 알았다. 수학도 같은 경우이다. 문제를 한 번 풀어보았다고 해서 그 문제를 시간이 지나면 풀 수 없다는 사실을 알게 되었다. 수학이나 영어 회화 과목은 분습법으로 반복해서 꾸준히 풀어보고, 반복 학습을 통해 자신 것으로 만들 수 있는 능력을 확장 시켜 나갈 수 있어야 한다.

10. 백지학습법

백지에 배운 과목명을 쓴 뒤 그날 배운 내용을 생각나는 대로 다 적는다. 다 적지 못한 내용은 배운 교재를 보고 채워 넣는다. 쓰는 것, 자체가 복습이 되는데 학습한 내용을 내 머릿속에서 끄집어내기 때문이다. 우리가 시험을 볼 때도 이렇게 머릿속에 있는 내용을 꺼낼 수 있어야 하는데 이 과정에서 내가 알고 있는 것과, 모르는 것을 확실하게 구분할 수 있다는 것이다. 백지학습법은 적은 내용을 남에게 말로 설명하여 완전히 내 것으로, 만드는 복습의 다 적지 못하는 내용은 교재를 보고 채워 넣는다. 내가 모르는 것을 파악할 수 있는 메타인지 남에게 말로 설명하여 완전히 자신 것으로 만든다. 복습의 습관화를 만들어야 한다.

저는 말하는 공부법으로 공부했습니다. 저는 매일 하루 수업을 마친 후 집에 와서 스스로 오늘 학교에서 배운 내용을 설명했고, 이 과정을 통해 내가 모르는 부분과 잘하는 부분이 어디인지 더 명확하게 알 수 있었으며 정확한 개념이 머릿속에 새겨진 덕에 학습에 필요한 개념들을 더 오랫동안 기억할 수 있었습니다. 이렇게 하고도 취약한 부분이 있을 때에는 백지 노트를 썼습니다.

백지에 내가 알아야 할 개념들을 책을 보지 않고 적어 내려가면서 이것을 깨우칠 때까지 반복적으로 쓰는 것입니다. 단순한 방법이지만, 깨우칠 때까지 그만큼 끈기와 인내가 필요한 방식이었습니다. 저의 고군분투가 담겨있는 나만의 백지 노트는 시험장에 들어가기 전에 필요한 부분들만 골라서 머릿속에 정리하는데, 커다란 도움을 주었습니다. 개념이 확실한 상태로 바라보는 문제들은 개념을 알기 전 봐왔던 문제들과는 다른 문제 같았고, 이런 공부법으로 공부하며 더 많은 것을 익히고, 배우며 더 넓은 시야를 갖게 된 것 같습니다.

실생활에 제가 배운 것을 적용하는 능력도 상당히 높아졌습니다. 특히, 제가 좋아하는 과목인 생명과학은 백지 노트 뿐 아니라 개념노트, 문제 풀이 노트까지 따로 만들어 틈날 때마다 보며 공부했는데, 공부하면 공부할수록 더 많은 것이 보이고, 실생활 속에서 자연스럽게 응용해 나갈 수 있어 너무 재미있었습니다.

충북 ○○고 김○○

머릿속에 떠오르는 생각들을 큰 백지에 적고, 필요한 것은 직접 조사한다. 백지에 적은 것을 노트에 옮겨 적은 뒤, 어느 정도 이해가 되면 다시 한번 정리해 내 것으로 만든다.

안양 ○○고 서○○

눈으로만 읽는 게 아니라 오감을 활용한다. 교과서와 프린트를 반복해서 음독하고, 읽은 내용은 화이트보드를 활용해 친구에게 알려주는 것처럼 혼자서 설명한다.

수원 ○○고 백○○

혼자 충분히 복습하고, 모르는 것은 반드시 선생님께 물어본다. 어려워하는 과목인 수학은 여러 권의 문제집을 푸는 대신 같은 교재를 여러 번 반복해 풀어본다.

부분이나 요소를 통해 어떤 전체를 파악할 수 있는 것이 구조화이다. 하위개념을 상위개념으로 묶거나, 상위개념을 하위개념으로 나누는 것을 말한다. 주어진 정보들의 상위와 하위 관계를 파악하고, 분류하는 습관이 되어있을수록 기억하는 양도 많아지고, 무엇이 중요한지 핵심을 추려낼 수 있다. 다음 예를 통해 살펴보자.

예시

연산하기, 달리기, 줄넘기, 책 읽기, 문장 완성하기, 바이올린 연주, 삼각형 그리기, 방정식 풀기, 축구, 노래 부르기, 원의 넓이 구하기, 비문학, 음악 감상, 악보 그리기, 단어들의 연관성을 찾아 상위개념을 만들어보자.

수학: 연산하기, 방정식 풀기, 삼각형 그리기, 원의 넓이 구하기
운동: 달리기, 줄넘기, 축구
국어: 책 읽기, 분장 완성하기, 비문학
음악: 노래하기, 음악 감상, 바이올린 연주

주어진 정보들의 의미와 관계를 파악하고, 분류하는 습관이 되어있을수록 기억하는 양도 많아진다. 학교 수업에서 배운 내용, 교과서에서 읽은 내용 들을 잘 기억하고 그중 핵심이 무엇인지 파악하는 것이 구조화 학습법이다. 구조화에서 상위개념은 이 글에서 중요한 것이 무엇인지?, 어떤 이야기를 하고 있는지를 아는 데 도움이 된다. 그래서 글 전체를 기억하지 않아도 핵심어와 설명어만 떠오르면 어떤 내용인지를 알 수 있다. 핵심어는 글 전체를 대표하거나 글에서 설명하고자 하는 대상을 가리키는 어휘, 또는 하위개념들을 포함하는 주제어를 말해준다.

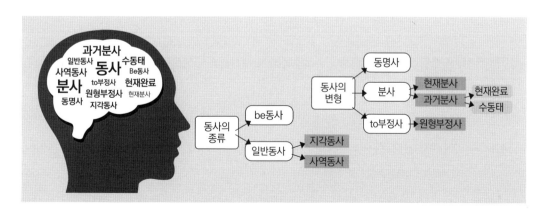

도해 사고력이란 지식과 정보를 효과적으로 기억하고, 이해하며, 전달하기 위해 이미지와 도표 등 시각적인 언어로 나타내는 것을 말한다. 특히 마인드맵의 도해(정보 낙서, 그림문자)는 문자만으로 파악하기 어려운 정보 구조를 심층적으로 파악하여 사고를 돕는 도구이다. 자신이 들은 내용을 키워드나 주요 문장 중심으로 단순히 기록하는 데 그치지 않고 핵심어, 설명어, 분류기준 간의 구조와 관계를 이해하여 도해로 나타내면 복잡한 글도 쉽게 이해할 수 있다.

🔥 도해로 나타내기

말로 설명하지 않고, 답답한 당신을 도해로 표현하여 시각적인 언어로 표현한 도해.

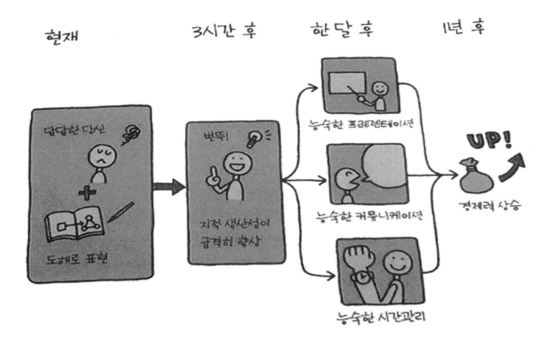

마인드맵은 사고력, 창의력, 및 기억력을 높이기 위해 그림과 글을 이용하여 생각을 시각적으로 표현하는 것을 의미한다. 백지 위에 키워드 혹은 중심 이미지로 주제를 적고, 가지를 뻗어 가며 핵심어, 이미지, 색상, 기호 등을 사용해 두뇌를 활성화한다.

마인드맵을 사용하기 위해서 종이와 3가지 이상의 형광펜을 준비한다. 종이는 A4,~B4 정도가 좋다. 우선, 종이 한가운데 주제를 쓴다. 주제를 중심으로 시작하는 마인드맵은 발산사고로 인해 사고가 확장되어진다. 가지는 계속해서 쳐나가면서, 가지들에 달린 생각들은 최대한 간결하게, 문장보다는 단어(구)를 써보기 좋게 만든다. 중심 주제에서 멀어질수록, 가지는 점점 더 얇아진다. 가지 위에 있는 생각을 강조하기 위해 형광펜으로 강조 효과를 만들면 시각적으로 훨씬 다가온다. 마인드맵은 시험공부나 글을 쓰고자 할 때 효과적이다.

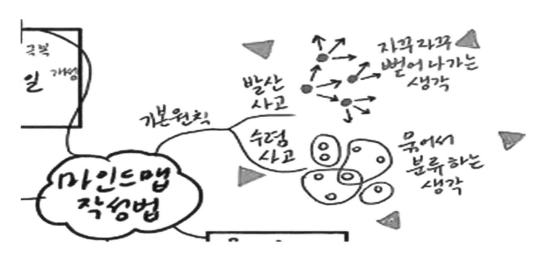

14. 비주얼씽킹이란? (What is visual Thinking?)

글과 그림을 함께 이용해 정보나 생각을 표현하고 기록하는 것을 말한다. 그림을 활용해서 생각을 정리하고 표현할 수 있어서 오래 기억에 남는다. 그리고 누가 보아도 전체적인 내용 쉽게 이해할 수 있다. 그림은 모호함이 없다. 도형, 화살표, 키워드 등 최소한의 표현 양식만을 사용하기 때문에 복잡한 내용의 모호함이 사라지고 의도하는 내용을 쉽게 알 수 있다. 수업한 내용을 그림으로 자주 그려보고, 그림을 통해 학습한 내용을 기억하는 습관을 들여보자. 옆의 그림을 통해 누구나 화장실 남녀 구분을 나타내준다고 이해할 수 있다.

노트에 정리할 때 구분을 지으면 이해와 학습에 도움이 된다. 관련 개념을 함께 묶어 정리하면 기억들이 서로 연결되어 더 오래 기억에 남는다. 공부한 내용을 노트에 정리할 때는 개념을 요약하여 정리하는 습관을 갖는다.

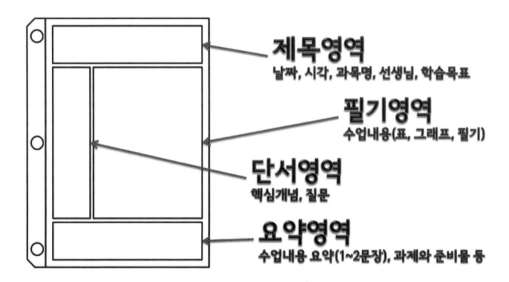

- **제목 영역**

그날의 날짜와 강의 제목을 적는다.

- **필기 영역**

수업 중 선생님의 강의 내용을 정리한다. 핵심내용을 중심으로 정리하며 간결한 문장을 사용한다. 중요한 부분은 형광펜을 사용하고 중요 정도에 따라 형광펜 색을 구분해 사용한다.

- **단서 영역**

오른쪽에 썼던 필기 내용 중 키워드만을 골라낸다. 이 키워드만 가지고 단서 영역 칸에 채운다. 배운 내용은 설명할 수 있을 정도가 되어야 한다.

- **요약영역**

노트 필기 영역 내용 중 중요한 내용만 2~4줄 정도로 간단히 정리하고, 이 요약으로 배운 전체 내용을 이미지화하여 머릿속에 저장해 둔다.

키워드 영역	날짜	○월 ○일	책 제목	어린왕자
보아 뱀 비행 조종사 소년 (양,바오밥,장미)	비행사가 어린 시절 꿈은 화가였는데 어느 날, 코끼리를 삼킨 보아 뱀을 그려 어른들에게 보여주며 물었어요. "정말 무섭죠?" 그러나 어른들은 보아 뱀을 보고서, "모자가 뭐가 무섭니?"라고 말했어요. 그는 커서 비행사가 됐고, 비행기가 고장 나 사막에 불시착하게 되죠.			
여섯 개의 별	이후로 어린왕자는 지구에 이르기까지 여섯 개의 별을 거쳤답니다.			
외로움 여우	마침내 당도한 지구에서 어린왕자는 뱀과 무수한 장미꽃을 만났고, 외로움까지 느끼게 되었어요. 상심해 있던 차에 왕자는 여우를 만나게 되었어요.			
길들여지는 것 오후 4시	외로움 끝에 만나게 된 여우에게 친구가 되자고 말하지만, 여우는 아직 "서로에게 길들여지지 않았기에" 같이 놀 수 없다고 말했어요. 여우는 어린왕자에게 아무 때나 오지 말고 오후 4시에 오라고 해요. 그러면 오후 3시부터 너를 맞이하기 위해 행복해진다고 말해요.			
사막	여우에게 귀한 가르침을 얻고 마침내 비행사를 만나게 된 것이었어요. 사막이 아름다운 이유는 어딘가에 오아시스를 감추고 있기 때문이다.			
뱀 선물	어린왕자는 내일이 꼭 여행한 지 1년째 되는 날인데, 자신에게 소중한 장미에게 돌아갈 것이라고 말했어요. 다음 날, 비행사는 어린왕자를 찾았는데 뱀이 어린왕자를 물어버리고 뱀은 사라지고 점점 힘을 잃어가는 어린왕자만 있었어요. 슬퍼하는 비행사에게 어린왕자는 선물을 주겠다고 했어요. 수많은 별 중 어딘가에 있을 나를 떠올리며, 밤하늘을 바라보며 빙긋 웃게 될 것이라고 말합니다.			
밤하늘의 별	비행사는 어린왕자가 죽었다는 것에 너무나 슬퍼했지만, 어린왕자가 자신의 별로 돌아갔다는 것을 깨닫고 밤하늘의 별을 보며 빙그레 웃지요.			
요약	보아 뱀의 그림은 왜 모자로 보이는지 어른들과의 생각의 차이를 보여주고 사막에 불시착한 비행사에게 양 한 마리만 그려 달라고 하면서 자기의 별에 두고 온 장미꽃을 생각한다. 여우와의 만남을 통해 서로 길들여지는 과정을 볼 수 있다. 사막에서 소중한 하루 비행사와 어린왕자가 서로 떠나야 하는 시간을 그리고 있다.			

16. 에빙하우스의 망각곡선

독일의 심리학자 헤르만 에빙하우스의 기억 실험은 반복의 중요성을 널리 알린 연구다. 에빙하우스는 피실험자들에게 뜻이 없는 철자를 암기하도록 한 뒤, 기억에서 사라지는 시간을 측정했다. 실험결과, 암기 후 20분 지나면 58%, 1시간이 지나면 44%, 하루가 지나면 33%, 한 달이 지나면 21%만이 기억에 남았다.

에빙하우스는 이러한 망각을 최소화하기 위해 재학습의 필요성을 강조했다. 망각이 발생하는 시간대에 다시 반복적으로 학습함으로써 오랫동안 기억을 지속할 수 있다는 것이다. 여기에는 반드시 이해가 뒷받침되어야 한다는 것이 전제되어야 한다. 이해력 없이 반복의 횟수에만 집착하면 공부 내용을 머리에 담지 않고 생각 없이 눈으로만 훑어보는 비효율적인 공부로 이어질 여지가 있다. 반복의 횟수가 중요한 것이 아니라 반복하는 방법이 중요한 것이다. 어떤 내용을 학습할 때 대강 이해하고 넘어가는 것이 아니라 완벽히 이해하는 것을 의미한다.

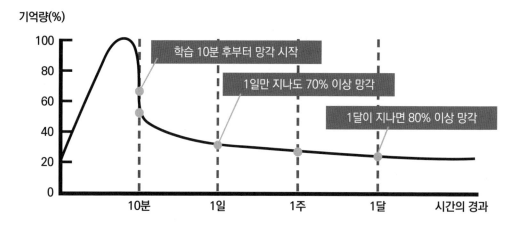

17. 암기력 학습법

사람에게는 망각곡선이 있어서, 열심히 배운 내용도 시간이 지나가면 기억이 나지 낳는다. 어떻게 하면 단기기억을 장기기억으로 머릿속에 저장할 수 있을까? 라는 물음이 항상 제기되어왔다. 암기할 때는 오른손 주먹을 쥐고, 문제를 풀 때는 왼손 주먹을 쥐는 것이 학습에 효과적이다. 학습에서는 기억력보다 감정조절 능력이 더 큰 역할을 할 때가 많다고 한다. 소중한 기억일수록, 강렬한 감정적 자극이 있는 기억일

수록 쉽게 잊지 못하는 것이다. 학생들이 불안하고 초조한 상태에서 아무리 공부를 많이 해도 그것은 장기적으로 기억이 오래가지 않는다. 하지만 재미있는 만화나 드라마는 외우겠다는 각오로 열심히 본 것이 아닌데도 오랜 기억으로 남는다. 왜 그럴까? 재미있기 때문이다. 우리는 불안하고 초조한 상태에서 드라마나 만화를 보지 않는다. 우리는 긴장을 풀고 재미있게 학습해야 하는 이유이다.

기억력 향상을 가져오는 것으로 시험효과, 인출효과, 분산효과, 교차효과, 백색효과가 있다.

시험효과는 중간, 기말고사를 준비할 때 시험과목 내용을 확인했으면 학교 기출문제를 푸는 것이 기억력을 높여 줄 수 있다. 시험을 1회 푸는 것보다 3~4회 푸는 것이 더 기억력이 좋다. 시험문제를 풀다 보면 이렇게 문제가 출제될 수 있다는 사실을 이해할 수 있다. 기출문제를 자주 풀어보는 것이 기억효율을 14%나 높아진다는 연구 결과가 있다.

인출효과는 자신의 머릿속에 있는 정보를 글로 쓰고, 말로 표현해 봄으로써 기억력향상을 증가시킬 수 있다. 공부만 계속해서 하는 학생과 공부를 한 후 시험(자기테스트)를 한 학생을 30분 후에 평가를 해보았다. 공부를 계속한 학생은 55점을 받았다. 공부를 끝난 후, 자기 테스트를 한 학생은 49점이었다. 일주후 공부를 계속한 학생은 39점으로 급격히 떨어졌다. 자기 테스트를 한 학생은 46점으로 떨어지는 폭이 상대적으로 적었다. 기억 꺼내기 방법(인출)효과는 배운 걸 기억에서 꺼내는 노력을 많이 할수록 장기기억으로 더 잘 활성화된다는 것이다. 배운 내용을 자신이 직접 기억에서 꺼내는 것이 훨씬 효과적이라는 실험결과이다.

내일이 시험이라면 점수를 잘 받는 가장 효과적 방법은 오늘 교재를 반복해서 읽는 것이다. 기억을 꺼내려고 시도해서 기억하고자 하는 내용을 알면 나중에 기억하는데 실질적으로 많은 도움이 된다. 인출효과는 기억한 내용을 나중에 다시 꺼내려면 여러 가지 지식 들 사이에 연결을 더욱 단단하게 만들어준다. 장기기억에 뭔가 많은 경험과 지식이 축적되어있기 때문에 시간도 짧게, 효율적으로 기억할 수 있고, 한 문장만 읽어도 많은 생각이 떠오른다. 시험을 치르는 것도, 인출을 통해 학습의 효과를 높이기 위해서다.

분산효과는 꼼꼼하게 한 번 공부해서 하루 동안 4시간에 걸쳐 영어단어 100개를 외우는 학생보다는 빠르게 여러 번 반복해서 4일간 하루에 1시간씩 영어단어 100개를 외우는 학생이 훨씬 더 효율적이다. 예를 들어 영어단어를 기억할 경우 50개의 단어를 1시간에 걸쳐 천천히 기억하는 것보다 100개의 단어를 대충 훑어보는 것이 훨씬 효과적이다.

100단어를 외웠다면 다음에 다른 단어를 암기할 때 앞서 외운 100 단어 중 모르는 단어를 살펴 외우고, 이어서 다른 단어 100개를 외워가는 것이다. 처음에는 시간이 많이 소요되지만, 시간이 지나갈수록 반복 학습효과를 볼 수 있다. 즉, 공부 간격을 짧게 자주, 많이 하면 된다. 분산학습이 더 좋은 이유는 기억 꺼내기를 더 반복적으로 만들기 때문이다.

교차효과는 한 과목을 집중해서 공부하는 것보다 교차해서 공부한다. (영어 50분, 수학 50분) 우리가 학교에서 1교시 50분은 영어 수업을 하고, 2교시는 국어 수업을 교차적으로 한다. 과목을 집중할 때 한 과목만 집중해서 공부하는 것보다, 교차로 공부하는 것이, 효율적이다.

만약 영어 과목이 싫은데 영어 과목만 하루 내내 공부하면, 오히려 영어 과목에 대해 거부감을 가질 수 있다. 학생들이 방학을 맞아 일일계획을 짜는 걸 보면 오전에 국어, 점심 후 수학, 저녁에는 영어를 교차적으로 짜는 것을 다들 경험했을 것이다. 우리는 무의식적으로 교차수업을 하는 것이다.

백색효과는 공부할 때 자연소리를 듣거나 음악을 들으면서 공부할 때 기억력이 향상된다는 연구 결과가 있다. 시끄러운 카페나 지하철, 광장 등 공공장소에서 많은 소음이 있어도 나와 상대방이 서로 이야기하고 있다면 집중을 통해 잘 알아듣는다. 시끄러운 카페에서 학생들이 공부하고 있는 모습을 볼 수 있는데, 이것도 자신이 하는 학습에 집중할 수 있기 때문이다. 이런 현상을 애거시라고 한다.

수업 시간에 선생님께서 설명한 내용이 머릿속에 콕콕 들어왔다면 수업 내용을 상상하는 것 자체만으로도 장기기억으로 남는다. 이런 내용을 코넬식 노트 한 장으로 단권화하여 정리해두는 습관을 형성하자. 학습하는 과정 중에서 기억이 잘 나지 않는 내용은 다시 정리하여 반복 학습을 할 수 있다. 머릿속에만 읽던 것을 큰 목소리로 소리 내어 읽는다든지 글로 써서 요약해 보면 기억이 훨씬 오래가는 것을 경험할 수 있다. 핵심주제와 중요 사항들을 요약하고 나중에 관련 지식을 셀프테스트해 볼 수 있게 질문 형식으로 정리하는 것도 기억력을 증진 시킬 수 있다. 그리고 학습할 목차를 훑어보고, 큰 그림을 그리면서 학습할 세부적인 내용을 살펴보면 공부할 내용을 어느 정도 파악할 수 있다. 메모는 내용 전체를 자주 확인할 수 있어서, 복습할 수 있고, 기억력 강화에도 도움이 된다.

내용을 요약하기 위해서는 먼저 이해해야 한다. 이해할 부분을 맥락으로 이미지화를 시켜 연결하라. 가령 수업 시간에 선생님께서 동학혁명을 설명하면서 기침을 하셨다면 기침한 장면을 생각하면서 설명한 내용을 머릿속에 저장해두는 것이다. 그러면 선생님께서 기침하는 모습만 떠오르면, 그 단어에서 연상되는 동학혁명에 대한 이미지를 생각해내는 것이다. 기억하고 싶은 대상을 이미지를 통해 떠오르게 하는 것이다.

이미지를 기억하는 것으로 시각화가 있다. 이것을 두음이라고 하는데 어떤 단어의 첫 번째 문자를 가져오는 것이다. You Deserve To Be A Doctor. (당신은 의사가 될 자격이 있다.) YDTBAD 이런 방법으로 시각화하여 이용하여 암기하면 효율적인 장기기억이 된다. 또한, 기억력을 증진 시키는 방법으로 자신만의 공간 짓기로 숫자를 정해 기억하면 효율적이다. 단어 5개를 외웠다. authority (권위), envelop (봉투), melancholy (우울), admiral (해군 제독), surface (표면). 이 단어를 가지고 자신의 방에 구조를 가지고 공간 짓기를 해보자.

1번 침대, 2번 책상, 3번 화병, 4번 시계, 5번 책꽂이라고 정하고, 공간에 숫자를 넣어 다음과 같은 문장을 만들어 단어를 외운다.

> 1. 침대에서 대통령의 **권위**에 대해 생각했다.
> 2. **책**상에 앉아 봉투에 주소를 적었다.
> 3. 화병의 꽃을 보니 **우울**해졌다.
> 4. 시계에 **해군 제독**의 사진이 새겨져 있다.
> 5. 책꽂이 **표면**은 빨간 색깔로 이루어져 있다.

이런 식으로 암기할 내용을 익숙한 장소나 물건과 관련해서 기억장치를 마련하면, 정보를 쉽게 외울 수 있다.

K고등학교 학생이 있었는데 공부를 매우 잘하는 학생이었다. 이 학생은 공부한 내용을 빈 상자 안에 자신이 공부한 내용을 담은 연습장을 수북이 쌓아둔다. 그리고 공부하다 힘들어질 때 상자에 있는 내용물을 보면 내가 이렇게 공부했구나 하면서 자신감을 찾을 수 있었다. 이것이 바로 성과의 시각화로 동기부여를 높이는 것이다. 그리고 공부가 하기 싫을 때 몸을 움직여 주는 것이 좋다. 걸으면서 혹은 서서 스트레칭을 하면서 몸을 움직여 보자. 몸을 움직이면서 머리를 쓰면 뇌가 더 활성화가 된다는 연구 보고가 있다.
공부하면서 목표의식을 분명하게 정하는 것도 필요하다. 직장인의 경우 공무원 7급 반드시 합격!! 그러기 위해서는 무슨 일이 있어도 토익 단어는 하루에 50개씩!! 수험생의 경우는 서울 대학에 합격한다.!! 그러기 위해서 한 달에 참고서 20권 풀기!! 지금 나의 노력은 목표달성을 위한 것이라고 분명히 뇌가 인식한다.

메타이론은 강의하듯 중얼거리면 암기 효과가 두 배가 된다. 누군가에게 설명한다는 생각으로 표현하는 것이다. 메타이론은 기억력이 증가하고, 자신의 학습 능력을 알 수 있다. 또한, 경험을 통해 지식을 축적할 수 있다. 메타인지는 즉, 모르는 것을 아는 것이다.

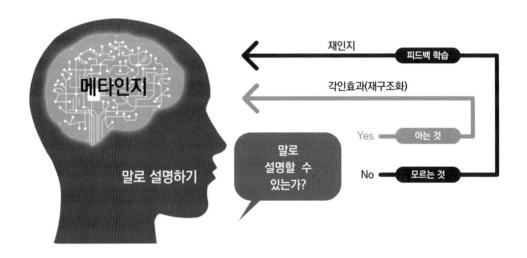

○○고등학교 학생 H 군은 수업 시간에 선생님 설명을 잘 듣고 쉬는 시간에 수업 시간에 배웠던, 내용을 노트에 적어본다. 필기 과정에서 생각나지 않는 부분은 다시 교재를 보고 부족한 부분을 채워 넣는다. 이렇게 정리한 내용을 가지고 집에 와서 준비된 칠판에 배운 내용을 써가면서 소리 내어 자신에게 설명해 본다. 설명이 매끄럽지 못한 부분은 다시 교재를 통해 확인한다. 말로 설명하기를 통해 H군은 메타인지를 활용하여 좋은 점수를 받을 수 있었다.

메타인지에는 두 가지가 있다. 자기평가가 있고, 자기조절이 있다. 자기평가는 내가 아는 건지 모르는 건지 생각하는 것이다. 어떤 학생은 자기평가를 잘하지만, 공부를 잘못하는 경우가, 있는데 이것은 자기조절을 못 하는 거다. 학교나 학원에서 배웠다고 모든 내용을 다 알고 있다고 착각하는 것이다. 메타인지는 두 가지가 있다. 자체테스트를 통해 자기조절을 해볼 수 있다. 배운 내용을 가지고 스스로 문제를 내보고, 풀어봄으로써 자신이 부족한 게 무엇인지를 알 수 있게 된다. 선생님 놀이는 내가 다른 사람을 가르치는, 입장이 되어 학습한 내용을 차근차근 말로 표현해 봄으로써 아는 것과 모르는 것을 구별하는 것이다.

메타인지는 자신 생각을 객관적으로 볼 수 있는 능력을 의미한다. 즉, 내가 무엇을 알고 무엇을 모르는지, 내가 하는 행동 결과를 예측하고 평가할 수 있는 능력이라고 할 수 있다.

프로젝트 학습(Project-Based Learning)'이나 '문제기반학습(Problem-Based Learning)'이라고 한다. PBL은 문제해결학습의 일종으로, 프로젝트를 기반으로 한 교수학습방법이다. PBL은 학생들에게 같은 시간에 같은 내용을 해결하는 것을 기초로 해서, 학생들이 배우고 익히는 것에 대한 학생 개개인의 다양성을 존중하고자 한다.

PBL에서는 과제가 주어질 때 학생들은 스스로 과제 해결을 위한 계획을 세워야 한다. 그리고 이 문제를 해결하기 위한 목표를 수립하게 되고, 문제를 해결하기 위한 가설과 해결안을 세워본다. 또한, 학생들은 이미 알고 있는 사실이 무엇인지 확인하며 이를 통해 더 알아야 할 사항이 무엇인지 찾아내게 된다.

학생들은 이와 같은 과정에서 자연스럽게 친구들과 팀 안에서 협력하는 것에 대해 배우게 되며, 팀에서의 과제를 수행하기 위한 계획을 세워가면서 학습의 방법과 절차에 대해서도 익히게 된다. 또한, 수업에서 도달하고자 하는 목표와 수행 과정을 스스로 찾아가는 과정을 경험함으로써 학생들에게는 이런 과정이 모두 자기 주도적 학습과 깊은 연관을 맺을 수 있다. 교사는 이에 대해 과제 관련 학습자료를 함께 제시하며 학생들의 토론과 토의 과정을 통해 학습자의 내적 성찰 및 학습 공동체적 성찰을 함께 고민하도록 한다.

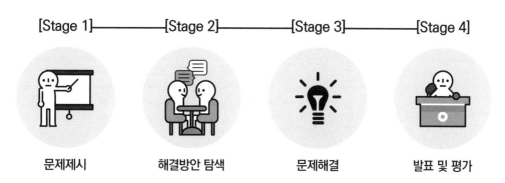

[Stage 1]	[Stage 2]	[Stage 3]	[Stage 4]
문제제시	해결방안 탐색	문제해결	발표 및 평가

사례분석

• **문제제시**

경제 수업 시간에 수입과 이윤을 가르치려고 한다. PBL을 통해 학생들은 선생님께 필요한 개념을 배우고 지역의 전통시장을 방문하고 상품들의 판매가격이 왜 다른지에 대해 조사하고, 판매가격에 영향을 미치는 요인들에 대해 생각한다.

- **해결방안 탐색**

만약 학생들이 음식을 만들어 학교에서 판매할 수 있다면 어떻게 해야 이윤을 남길 수 있을까? PBL을 통해 찾은 답 중 하나가 "질문하기"이다. 질문하기 위해 생각하게 되고, 질문에 답하기 위해 생각하게 되고, 그 답에 대해 다시 생각하게 되는 질문 만들기가 PBL 수업에서 탐색 되는 것이다.

- **문제해결**

학생들은 이 질문에 답하기 위해 알아야 할 정보가 무엇인지 함께 고민한다. 이윤이란 무엇인가? 어떤 시간에 음식을 파는 것이 가장 좋을까? 학생들은 어떤 메뉴를 좋아할까? 음식을 잘 팔기 위해 홍보를 어떻게 할까? 이렇게 하는 연속적인 질문은 더 좋은 질문과 생각을 만들어 낸다.

학생들은 이 질문에 답하기 위해 자신들이 할 수 있는 역할과 그 상황에 가장 효과적인 방식이 무엇인지에 대해 현장조사, 인터넷조사, 설문 조사 등을 통해 정보를 수집한다. 수집한 정보를 가지고 학생들은 그룹을 지어 토론학습, 탐구학습 등 의견을 나누고 효율적인 방법을 찾아 해결해가는 과정이 중요하다. 준비가 끝났으면 먹거리 장터를 운영한다.

이 과정에서 학생들은 구매하려는 학생 수가 많은 것을 보고 기존의 결정한 판매가격을 상향 조정해서 많은 이윤을 남길 수 있다. 비록 학생들이 수요와 공급개념에 대해 알지 못할지라도 초과수요 상태에서 공급자들이 하는 행동을 직접 체험해 봄으로써 배우는 것이다.

- **발표 및 평가**

먹거리 장터를 경험해 보고 성공한 학생들에게 질문을 준다. 만약 다른 반 학생들이 먹거리 장터를 준비 중이라면 이들을 돕기 위해서 어떤 발표를 하는지에 대해 학생들은 새로운 질문에 답하기 위해 가장 명확하고 효율적으로 답을 찾는다. 이 과정에서 학생들은 문제해결 능력과 의사소통능력을 키울 수 있다. 프로젝트 기반 학습은 학생들에게 사고와 질문의 자유를 주고 스스로 지식을 습득하고 변화하는 미래의 다양한 상황에 대처할 수 있는 능력을 키울 수 있는 교육 방법이다.

학습전략 가이드북

함께하는
마음 행복
심리상담

Chapter I
나 찾기, 새로운 시작!!!

💡 나 자신을 소개합니다

1. 나의 강점은 무엇인가요? (Talent)

2. 내가 관심 있는 것에 대해 어떤 훈련과 노력을 했나요? (Training)

3. 온/오프라인 소통은 어떻게 하고 있나요? (Talk)

4. 지금까지 시간을 견뎌온 지혜를 알려주세요. (Time)

5. 내가 개발해야 할 점은 무엇인가요?

💡 행복하게 공부할 수는 없을까?

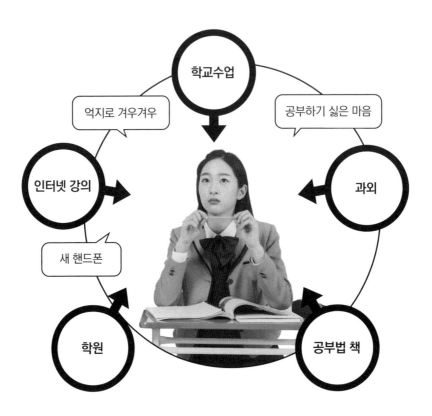

- **내가 생각하는 공부란?**

Tip

학원과 학교에서 공부를 그렇게 많이 하는데…….

난 왜 성적도 안 오르고 행복하지 않을까?

💡 행복하게 공부할 수는 없을까?

- ● 스스로 공부하는 방법?

Tip

> 자기주도학습이란?
>
> 학습자가 학습 목표를 달성하기 위하여
>
> 스스로 자신의 학습 과정을 관리에 해 가며
>
> 주도적으로 학습효과를 극대화하는 것을 말한다.

💡 계획이란?

공부를 잘하는 학생과 잘 하지 못하는 학생의 큰 차이는 무엇일까요?

바로 스스로 하고 싶은 마음이 있는지? (학습동기)

또한, 학습계획을 어떻게 세우는지? (학습전략)의 차이입니다.

어떻게 하면 스스로 목표를 정하고, 학습전략을 세울까요?

바로 계획입니다.

그동안 나는 어떻게 학습전략을 세웠나요?
그럼 계획은 어떻게 하는 것일까요?

💡 'Planning'의 5단계

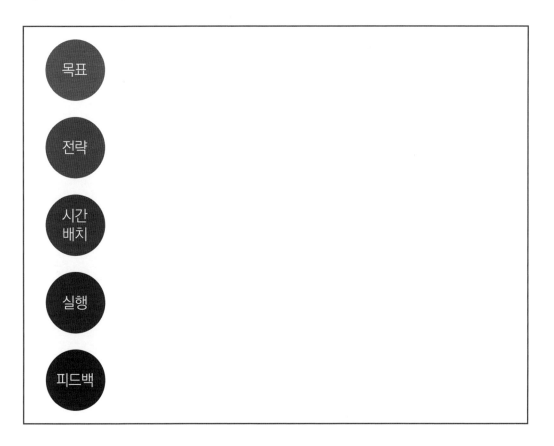

💡 스케줄링 To be list?

- ☑
- ☑
- ☑
- ☑
- ☑

💡 계획 To be list?

- ☑
- ☑
- ☑
- ☑
- ☑

스케줄링과 플래닝의 차이점?

피드백 습관입니다.
스스로 오늘 한 것에 대해
Good Point와 Bad Point를 찾아내고
대안을 찾아가는 과정이 중요합니다.

💡 목표설정은 'SMART'하게

- 'Specific'〈구체적이고 명확하게!〉
- 'Measurable'〈측정이 가능하도록!〉
- 'Achievable'〈실행가능토록!〉
- 'Realistic'〈현실적으로!〉
- 'Time-limited'〈마감기한을 설정할 수 있게!〉

Happy School Story

Lorem ipsum dolor sit amet, consectetur adipiscing
elit. Maecenas varius odio a malesuada dapibus.

💡 이런 내가 되고 싶다

- **마법의 문장**

self 선언문

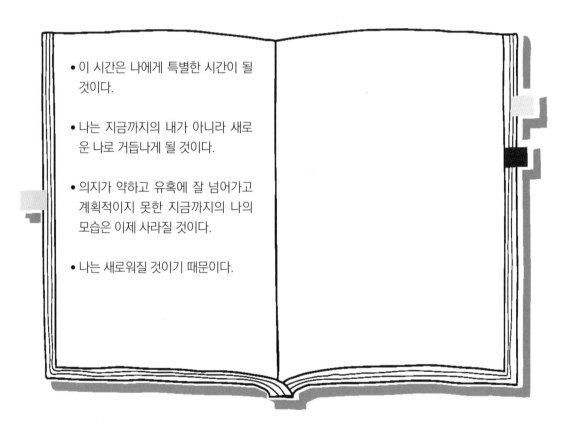

- 이 시간은 나에게 특별한 시간이 될 것이다.

- 나는 지금까지의 내가 아니라 새로운 나로 거듭나게 될 것이다.

- 의지가 약하고 유혹에 잘 넘어가고 계획적이지 못한 지금까지의 나의 모습은 이제 사라질 것이다.

- 나는 새로워질 것이기 때문이다.

마법의 문장을 만들어보고 자신이 원하는 삶의 목표를 세워보자.

💡 이런 내가 되고 싶다

● 마법의 문장

Tip

지금까지 자신의 맘에 안 드는 모습은 잊으세요!

self 선언문을 통해 이 순간부터 원하는 삶이 시작될 거예요!

💡 나의 인생 목표는?

Chapter II
내 안의 보석을 찾아서

- 나의 주도학습 능력은?
- 나의 학습 동기는?
- 나의 가치관은?
- 나의 성격유형은?
- 나의 강점은?

나만의 숨겨진 보석 찾기

자기 주도적 학습 능력 검사지

– 다음의 각 문항을 읽고 자기 생각과 가장 일치한다고 생각하는 곳에 ○표 하세요.

문항	설문내용	응답내용				
		매우 부족	조금 부족	보통	조금 만족	매우 만족
1	나는 항상 공부하기를 원한다.	①	②	③	④	⑤
2	나는 내가 무엇을 공부하고 싶어하는지 알고 있다.	①	②	③	④	⑤
3	내가 잘 모르는 것이 있으면 그것을 알아내고 싶다.	①	②	③	④	⑤
4	공부하고 싶은 것이 있을 때 나는 그것을 공부하는 방법을 생각해낼 수 있다.	①	②	③	④	⑤
5	나는 공부하는 것을 좋아한다.	①	②	③	④	⑤
6	나는 다른 친구들보다 더 잘 스스로 어떤 것을 공부 할 수 있다.	①	②	③	④	⑤
7	무엇인가를 공부해야 할 때 무엇을 공부할 것인지, 그리고 어떻게 공부할 것인지를 내가 선택하기를 좋아한다.	①	②	③	④	⑤
8	만약 내가 흥미를 가진 것이라면 그것이 공부하기 어려워도 괜찮다고 생각한다.	①	②	③	④	⑤
9	내가 공부를 잘 하고 못하는 것은 모두 내 책임이다.	①	②	③	④	⑤
10	나는 어떤 것을 공부하고자 결심하면 아무리 바빠도 시간을 내어 할 수 있다고 생각한다.	①	②	③	④	⑤
11	나는 어떤 새로운 것을 공부 할 때 여러가지 방법을 찾을 수 있다.	①	②	③	④	⑤
12	나는 내가 공부하고 있는 것을 내 계획에 맞추어 한다.	①	②	③	④	⑤

13	나는 내가 필요로 하는 공부를 내 스스로 할 수 있다.	①	②	③	④	⑤
14	나는 어떤 문제에 대한 답을 찾는 것이 재미있다.	①	②	③	④	⑤
15	나는 무엇인가 공부하다 끝마쳤을 때가 기쁘다.	①	②	③	④	⑤
16	나는 무엇인가 밝혀내고자 결심하면 그것을 꼭 해낸다.	①	②	③	④	⑤
17	나는 그 결과가 어떻게 될지 모르더라도 무엇인가 새로운 것을 해 보기를 좋아한다.	①	②	③	④	⑤
18	나는 어떤 일을 하는 새 방법을 잘 생각해낸다.	①	②	③	④	⑤
19	어려운 문제라도 나는 포기하지 않는다.	①	②	③	④	⑤
20	나는 내가 해야 한다고 생각하는 것은 혼자서 할 수 있다.	①	②	③	④	⑤
21	나는 정말로 문제를 잘 푼다.	①	②	③	④	⑤
22	나는 몇 명이 모여서 공부할 때 지도자가 된다.	①	②	③	④	⑤
23	나는 내가 생각하고 있는 것을 이야기하기를 좋아한다.	①	②	③	④	⑤
24	나는 새로운 것을 매우 공부하고 싶어한다.	①	②	③	④	⑤
25	공부하는 것이 재미있다.	①	②	③	④	⑤
26	나는 공부하는 방법을 아는 것이 중요하다고 생각한다.	①	②	③	④	⑤
27	나는 내가 어려운 문제를 잘 풀 수 있는지 없는지 알고 싶다.	①	②	③	④	⑤

여러분 안녕하세요? 이 검사는 여러분이 학교에서나 가정에서 공부에 임하는 태도를 알아보기 위한 검사입니다. 이 검사에는 맞거나 틀린 답이 없으며 여러분의 솔직한 대답만이 정답입니다. 평소에 생각하고 느낀 그대로 답해 주시면 됩니다. 물음에 해당하는 글을 읽고 자신에 해당하는 칸에 O 표하세요.

문항	설문내용	응답내용				
		전혀 아니다	아니다	보통 이다	그렇다	매우 그렇다
1	나는 공부하는 것이 재미있기 때문에 공부를 한다.	①	②	③	④	⑤
2	나는 공부를 하지 않으면 혼이 나기 때문에 공부를 한다.	①	②	③	④	⑤
3	나는 좋은 성적을 받기 위해서 공부를 한다.	①	②	③	④	⑤
4	나는 무엇이든지 최선을 다하는 모습을 보이기 위해 공부를 한다.	①	②	③	④	⑤
5	나는 다른 친구들이 공부를 하니까 공부를 한다.	①	②	③	④	⑤
6	나는 자신의 미래를 위해 공부를 한다.	①	②	③	④	⑤
7	나는 생각하기를 좋아하기 때문에 공부를 한다.	①	②	③	④	⑤
8	나는 아무 생각 없이 공부를 한다.	①	②	③	④	⑤
9	나는 문제가 조금 어려워도 풀어보고 싶은 마음이 생겨서 공부를 한다.	①	②	③	④	⑤
10	나는 모르는 것을 알게 되는 것이 즐겁기 때문에 공부를 한다.	①	②	③	④	⑤
11	나는 공부 시간에 그냥 앉아 있을 뿐이다.	①	②	③	④	⑤
12	나는 친구들에게 공부 못한다고 무시당하기 싫어서 공부를 한다.	①	②	③	④	⑤
13	나는 공부하는 것이 중요하기 때문에 공부를 한다.	①	②	③	④	⑤

14	나는 부모님께 상(용돈, 선물, 칭찬)을 받기 위해 공부를 한다.	①	②	③	④	⑤
15	나는 솔직히 공부를 하는 이유를 모르겠다.	①	②	③	④	⑤
16	나는 나중에 좀 더 어려운 내용을 이해하는데 도움이 되므로 공부를 한다.	①	②	③	④	⑤
17	나는 궁금한 것을 해결하기 위해서 공부를 한다.	①	②	③	④	⑤
18	나는 선생님께 칭찬이나 인정을 받디 위해 공부를 한다.	①	②	③	④	⑤
19	나는 배운 내용을 생활에 유용하게 쓸 수 있으므로 공부를 한다.	①	②	③	④	⑤
20	나는 심심하고 특별히 할 일이 없어서 공부를 한다.	①	②	③	④	⑤

💡 소중한 것을 지키는 힘, 가치

가치 단어

목표지향적	민첩함	이해심	열심	감성적	주도적	공정성	낭만
리더쉽	유연함	사랑	낙천적	개방적	적극적	용기	적응력
책임감	성실	친절	우호적	정확함	생명력	자비	헌신
꼼꼼함	정직	끈기	포용력	융통성	전문성	의리	명확함
자신감	도전적	호기심	윤리적	생동감	따뜻함	겸손	지혜
밝음	열정적	대처능력	솔직함	카리스마	검소함	분석	진보적
전통적	명석함	유머러스	인정	모범적	긍정적	이해력	소박함
명랑함	독립정신	자주적	소신	탁월함	탐구심	재치	가능성
쾌활함	분별력	우아함	결단력	창의적	인내심	순발력	추진력
섬세함	논리적	화합	집념	설득력	신중함	부드러움	여유로움
친화력	평정함	순수함	사려깊음	강인함	생산성	진취적	충성심
완벽함	부지런함	희망적	열린사고	평화	조화로움	건강	절제
정의로움	집중력	균형	승부욕	의지력	박력	현실적	신뢰
통찰력	화사함	착함	배려심	사교적	예술적	감각적	협력

가치 매트릭스

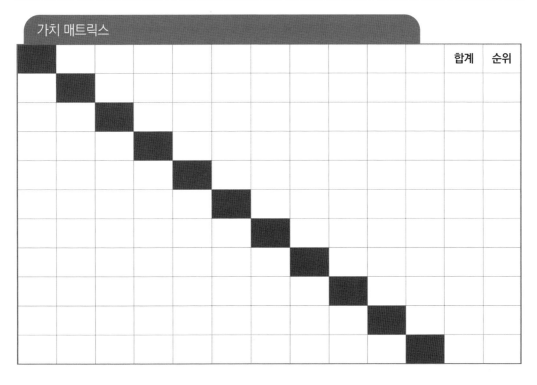

· 성향-에너지의 흐름

E는 외향형이고 I는 내향형입니다. 이것은 에너지나 주의 초점의 방향을 통해 성향을 구분하는 것입니다. 다음의 간단한 검사를 하고, 자신의 에너지의 방향에 대해 읽어본 후, 실제 자신의 평상시 모습이 어떤 면에서 이런 성향인지 경험을 토대로 기술합니다.

	에너지 방향 : E와 I 중에서 나는?			
	외향형(Extroversion)		**내향형**(Introversion)	
1	여러 친구와 많이 사귄다.		몇 명의 친구들과 깊이 사귄다.	
2	낯선 곳에 심부름을 하러 갈 수 있다.		낯선 곳에 심부름 가는 게 무섭다.	
3	모임에서 말이 많은 편이다.		누가 물어볼 때야 대답한다.	
4	활달하고 적극적이라는 말을 듣는다.		조용하고 차분하다는 말을 많이 듣는다.	
5	내 기분을 즉시 남에게 알린다.		내 기분을 마음속에만 간직하고 있다.	
6	많은 친구에게 얘기하는 게 더 좋다.		친한 친구들에게 얘기하는 게 더 좋다.	
7	친구들과 함께 공부하면 잘된다.		나 혼자 공부하면 더 잘된다.	
8	책 읽는 것보다 사람 만나는 게 더 좋다.		사람 만나는 것보다 책 읽는 게 더 좋다.	
9	글쓰기보다 말하기가 더 좋다.		말하기보다 글쓰기가 더 좋다.	
10	생각이 바로 밖으로 표현된다.		생각에 빠질 때가 자주 있다.	

나의 에너지 방향은? (   )

· **성향-정보 인식**

S는 감각형이고 N은 직관형을 말합니다. 이는 정보수집 과정에서의 인식 기능에 따라 성향을 구분하는 것입니다. 다음의 간단한 검사를 하고, 자신의 에너지의 방향에 대해 읽어본 후, 실제 자신의 평상시 모습이 어떤 면에서 이런 성향인지 경험을 토대로 기술합니다.

정보수집, 정보 인식 : S와 N 중에서 나는?				
	감각형(Sensing)		**직관형**(iNtuition)	
1	구체적이고 정확한 표현을 기억한다.		상상 속에서의 이야기를 잘 만들어 낸다.	
2	주변 사람의 외모와 특징을 기억한다.		물건을 잃어버릴 때가 종종 있다.	
3	꾸준하고 참을성 있다는 말을 듣는다.		창의적이고 독창적이라는 말을 듣는다.	
4	손으로 직접 하는 활동이 좋다.		기발한 질문을 많이 하는 편이다.	
5	그려진 그림에 색칠하는 것이 더 좋다.		직접 선을 긋고 색칠하는 게 더 좋다.	
6	자세한 내용을 잘 암기할 수 있다.		부분보다는 전체의 틀이 잘 보인다.	
7	남들 하는 대로 따라 하는 게 편하다.		스스로 자기만의 방법을 만드는 게 편하다.	
8	"그게 진짜야?" 식의 질문을 한다.		공상 속에 친구가 있기도 하다.	
9	꼼꼼하다는 말을 자주 듣는다.		'하고 싶다, 되고 싶다.'라는 꿈이 있다.	
10	관찰을 통해 더 잘 배운다.		누구나 하는 일은 재미가 없다.	

나의 인식 기능은? (   )

· 성향-판단과 결정

T는 사고형이고 F는 감정형을 말합니다. 이는 판단과 결정을 하는 과정에서 성격유형을 구분하는 것입니다. 다음의 간단한 검사를 하고, 자신의 에너지의 방향에 대해 읽어본 후, 실제 자신의 평상시 모습이 어떤 면에서 이런 성향인지 경험을 토대로 기술합니다.

행동양식 : T와 F 중에서 나는?				
	사고형(Thinking)		**감정형**(Feeling)	
1	'왜'라는 질문을 자주 한다.		남의 말을 잘 따르는 편이다.	
2	의지가 강한 편이다.		인정이 많다는 말을 듣는 편이다.	
3	꼬치꼬치 따지기를 잘하는 편이다.		협조적이고 순한 편이다.	
4	참을성이 있다는 말을 듣는 편이다.		어려운 사람을 보면 마음이 안 좋다.	
5	공평한 사람이 되고 싶다.		친절한 사람이 되고 싶다.	
6	야단을 맞아도 울지 않는 편이다..		야단을 맞으면 눈물을 참을 수 없다.	
7	직접적인 칭찬을 들으면 어색하다.		직접적인 칭찬을 들으면 기분 좋다.	
8	논리적으로 설명을 잘한다.		이야기에 요점이 없을 때가 있다.	
9	악당이 당하는 장면은 통쾌하다.		악당이지만 그래도 불쌍하다.	
10	결정하는 일이 어렵지 않다.		양보를 잘하고 결정하기가 힘들다.	

나의 판단 기능은? (   )

· **성향-생활양식**

　J는 판단형이고 P는 인식형입니다. 이는 생활 방식으로 구분되는 성향의 차이를 말합니다. 다음의 간단
한 검사를 하고, 자신의 에너지의 방향에 대해 읽어본 후, 실제 자신의 평상시 모습이 어떤 면에서 이런
성향인지 경험을 토대로 기술합니다.

행동 양식 : J와 P 중에서 나는?				
	판단형(Judging)		인식형(Perceiving)	
1	공부나 일을 먼저하고 논다.		먼저 놀고 난 후에 일을 한다.	
2	쫓기면서 일하는 게 싫다.		막판에 몰아서 일할 수도 있다.	
3	정리 정돈된 깨끗한 방이 좋다.		방이 어지러워도 상관없다.	
4	사전에 계획을 짜는 편이다.		계획을 짜는 것이 왠지 불편하다.	
5	규칙적인 생활을 하는 편이다.		상황에 따라 유연하게 행동한다.	
6	준비물을 잘 챙기는 편이다.		준비물을 잘 잊어버리는 편이다.	
7	계획에 없던 일이 생기면 짜증이 난다.		틀에 박힌 생활은 재미가 없다.	
8	목표가 뚜렷하고 실천을 잘한다.		색다른 것이 좋고 짧은 공상을 한다.	
9	계획적으로 일을 하는 편이다.		그때그때 일을 해치우는 편이다.	
10	남의 지시에 따르는 편이다.		내 마음을 따라 행동하는 편이다.	

나의 생활 방식은? (　　)

💡 나의 다중지능 알아보기

나의 강점은 무엇일까?

- 문항은 모두 32문항입니다.
- 자신에게 가장 가깝다고 생각하는 것을 선택하여 ○를 적습니다.

문항	평가문항	그렇다 (3점)	보통이다 (2점)	아니다 (1점)
1	친구 집에 놀러 가면 동화나 소설책부터 찾아 읽는다.			
2	있었던 일을 시간 순서에 따라 앞뒤가 맞게 이야기한다.			
3	운동회나 체육대회에서 활동하는 것을 좋아한다.			
4	악기를 다루거나 배우는 것을 좋아한다.			
5	학교 가는 길을 그림으로 그릴 수 있다.			
6	애완동물 기르는 것을 좋아한다.			
7	하루 일을 일기로 꼭 정리한다.			
8	주변에 친구가 늘 많은 편이다.			
9	여러 사물이나 사람의 모습을 다양하고 재미있는 말로 표현한다.			
10	물건을 살 때 암산이 정확하고 빠른 편이다			
11	몸으로 하는 놀이를 좋아한다.			
12	자주 노래를 흥얼거리는 편이다.			
13	어려운 내용은 그림으로 그려가면서 이해한다.			
14	집에서 기르는 새나 금붕어, 개 등을 관찰하고 달라진 점을 말한다.			

15	스스로 계획을 세우며, 실천하는 편이다.			
16	엄마의 기분을 잘 알아채는 편이다. 한마디로 눈치가 빠르다.			
17	학교에서 있었던 일을 구구절절 말하는 편이다.			
18	새로운 가전제품의 사용법을 알아내거나 쉽게 익힌다.			
19	춤 동작이나 운동 동작을 쉽게 배우는 편이다.			
20	노래하면 가수같이 잘한다는 소리를 자주 듣는다.			
21	조립하거나 만들기 활동을 즐겨한다.			
22	꽃, 동물, 곤충 등 자연 생물에 대한 책을 많이 읽는다.			
23	자기의 장점을 다섯 가지 이상 알고 있다.			
24	그동안 학급 임원으로 자주 선출되었다.			
25	나는 책을 읽거나 다른 사람의 말을 들을 때, 중심내용을 잘 이해할 수 있다.			
26	나는 전화번호를 잘 기억한다.			
27	나는 책상에서 굴러떨어지는 연필을 바닥에 떨어지기 전에 잡을 수 있다.			
28	나는 음악에 푹 빠져서 감상할 수 있다.			
29	나는 사람들의 얼굴을 잘 기억한다.			
30	나는 숲이나 바다 등 자연 속에서 지내는 것이 좋다.			
31	나는 쉽게 화를 내지 않으며, 화가 나도 잘 참을 수 있다.			
32	나는 처음 만나는 사람과도 금방 편하게 이야기할 수 있다.			

A	B	C	D	E	F	G	H
1	2	3	4	5	6	7	8
9	10	11	12	13	14	15	16
17	18	19	20	21	22	23	24
25	26	27	28	29	30	31	32

세로 항목별로 점수합계를 내어 봅시다. '나'는 어떤 지능(강점)을 가졌는지 확인해 봅시다.

나의 강점 세 가지를 찾아 순서대로 기호를 써 봅시다.

①
②
③

8가지 기능

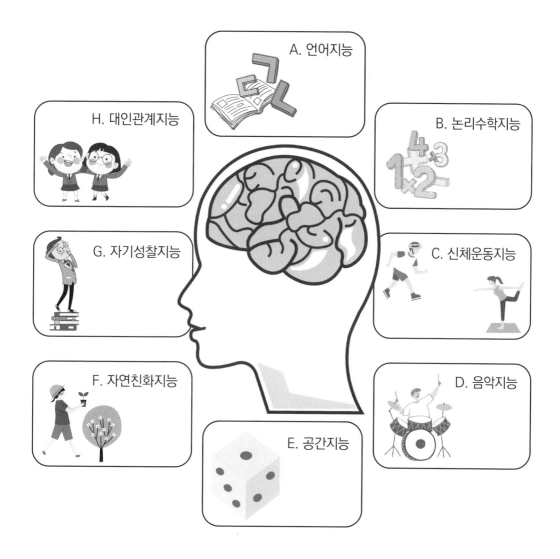

A. 언어지능

B. 논리수학지능

C. 신체운동지능

D. 음악지능

E. 공간지능

F. 자연친화지능

G. 자기성찰지능

H. 대인관계지능

Chapter III
소중한 것을 먼저 하라!!

시간관리 메트릭스 - 사분면의 특징

1 미루는 사람
중요O/급O

- 시험이 내일이다.
- 친구가 다쳤다.
- 지각이다.
- 오늘까지 내야 할 과제들

2 우선순위를 정해 일하는 사람
중요O/급X

- 계획, 목표설정
- 운동
- 독서
- 예습, 복습
- 인간관계
- 가족과 함께하는 시간
- 휴식

3 무조건 "그래"라고 하는 사람
중요X/급O

- 다른 사람의 사소한 문제
- 중요하지 않은 전화
- 쓸데없는 참견
- 동료의 압력

4 게으른 사람
중요X/급X

- 지나친 TV시청
- 끝없는 전화
- 밤새 컴퓨터 게임
- 길거리 배회
- 시간 낭비

💡 내가 쓰는 시간은?

나는 시간을 어떻게 쓰고 있는지 탐색해 보고 자신의 우선순위 시간 관리를 시작해 보세요.

💡 셀공시간이란?

· 시간의 개념

고정시간	학교 또는 학원시간 등 개인 마음대로 이용할 수 없는 시간
가용시간	전체 시간에서 고정 시간을 뺀 시간
셀공시간	가용시간 중 자신이 혼자서 공부하겠다고 결정한 시간

💡 목표 셀공시간 정할 때 유의사항

· 시간의 개념

1. 목표 셀공시간을 너무 무리하게 잡지 않는다.

2. 최상의 컨디션으로 집중해서 공부할 수 있는 시간대를 파악한다.

3. 계획한 시간은 반드시 지키도록 노력한다.

💡 셀공시간 만들기

내가 시간을 어떻게 쓰고 있는지 탐색해 보고 자신이 쓸 수 있는 셀공시간 만들어보세요.

· 시간 일기

> 하루하루를 어떻게 보냈나요? 곰곰이 되돌아보면서 '시간 일기'를 적어봐요.
> 시시콜콜하다고 생각이 들 만큼 자세히 적으면 훨~씬 좋아요.

시간	월	화	수	목	금	토	일
5:00~6:00							
6:00~7:00							
7:00~8:00							
8:00~9:00							
9:00~10:00							
10:00~11:00							
11:00~12:00							
12:00~13:00							
13:00~14:00							
14:00~15:00							
15:00~16:00							
16:00~17:00							
17:00~18:00							
18:00~19:00							
19:00~20:00							
20:00~21:00							
21:00~22:00							
22:00~23:00							
23:00~24:00							
24:00~1:00							

💡 주간 계획하기

목표 셀공시간

	월	화	수	목	금	토	일
주간 가용시간							
목표 셀공시간							
실제 셀공시간							

공부 목표

과목	교재	목표 분량	월	화	수	목	금	토	일	일	달성률

공부 외 목표

· 자투리 시간 계획, 여유시간 계획

언제	할 일

💡 꿈을 그리고 설계하라!

현재 내가 할 수 있는 이부터 구체적으로 계획을 세워봅니다(공부,건강,성격,습관등).

장기적 목표	단기적 목표	실행 가능한 목표
예시) 공부를 재미있게 가르치는 선생님이 되기	예시) 주변 친구들에게 재미있게 가르쳐보기	예시) 동생에게 주2회 영어공부30분 재미있게 가르치기

꿈은 이루어진다